고려대 한국어

고려대학교 한국어센터 편

5A

KU PRESS
고려대학교출판문화원

고려대학교 한국어센터는 1986년 설립된 이래 한국어와 한국 문화를 재미있게 배우고 효과적으로 가르치는 방법을 연구해 왔습니다. 《고려대 한국어》와 《고려대 재미있는 한국어》는 한국어센터에서 내놓는 세 번째 교재로 그동안 쌓아 온 연구 및 교수 학습의 성과를 바탕으로 하고 있습니다.

이 책의 가장 큰 특징은 한국어를 처음 접하는 학습자도 쉽게 배워서 바로 사용할 수 있도록 구성했다는 점입니다. 한국어 환경에서 자주 쓰이는 항목을 최우선하여 선정하고 이 항목을 학습자가 교실 밖에서 사용할 수 있도록 연습 기회를 충분히 그리고 다양하게 제공하고 있습니다.

이 책을 내기까지 많은 분들의 도움을 받았습니다. 먼저 지금까지 고려대학교 한국어센터에서 한국어를 공부한 학습자들께 감사드립니다. 쉽고 재미있는 한국어 교수 학습에 대한 학습자들의 다양한 요구가 없었다면 이 책은 나오지 못했을 것입니다. 그리고 한국어 학습자들의 요구에 부응하기 위해 열정적으로 교육과 연구에 헌신하고 계신 고려대학교 한국어센터의 선생님들께도 감사드립니다.

무엇보다 한국어 학습자와 한국어 교원의 요구 그리고 한국어 교수 학습 환경을 종합적으로 고려한 최상의 한국어 교재를 위해 밤낮으로 고민하고 집필에 매진하신 저자분들께 깊은 감사를 드립니다. 이 밖에도 이 책이 보다 멋진 모습을 갖출 수 있도록 도와주신 고려대학교 출판문화원의 김상용 원장님과 직원 여러분께도 감사드립니다. 그리고 집필진과 출판문화원의 요구를 수용하여 이 교재에 맵시를 입히고 멋을 더해 주신 랭기지플러스의 편집 및 디자인 전문가, 삽화가의 노고에도 깊은 경의를 표합니다.

부디 이 책이 쉽고 재미있게 한국어를 배우고자 하는 한국어 학습자와 효과적으로 한국어를 가르치고자 하는 한국어 교원 모두에게 도움이 되기를 바랍니다. 또한 앞으로 한국어 교육의 내용과 방향을 선도하는 역할도 아울러 할 수 있게 되기를 희망합니다.

2025년 2월

국제어학원장 이신숙

이 책의 특징

《고려대 한국어》와 《고려대 재미있는 한국어》는 '형태를 고려한 과제 중심 접근 방법'에 따라 개발된 교재입니다. 《고려대 한국어》는 언어 항목, 언어 기능, 문화 등이 통합된 교재이고, 《고려대 재미있는 한국어》는 말하기, 듣기, 읽기, 쓰기로 분리된 기능 교재입니다.

《고려대 한국어》 5A와 5B가 100시간 분량, 《고려대 재미있는 한국어》 말하기, 듣기, 읽기, 쓰기가 100시간 분량의 교육 내용을 담고 있습니다. 200시간의 정규 교육 과정에서는 여섯 권의 책을 모두 사용하고, 100시간 정도의 단기 교육 과정이나 해외 대학 등의 한국어 강의에서는 강의의 목적이나 학습자의 요구에 맞는 교재를 선택하여 사용할 수 있습니다.

《고려대 한국어》의 특징

▶ **한국어 성취 수준에 도달할 수 있는 유용하고 흥미로운 교재입니다.**
  · 한국어 표준 교육 과정에 맞춰 성취 수준을 설정하였습니다. 학습한 표현을 바탕으로 정확하고 유창하게 의사소통 기능을 수행할 수 있습니다.
  · 고급 학습자를 위한 전문적이고 심도 있는 주제를 소개하며 한국어 사용 상황에서 능숙하게 수행해야 하는 의사소통 기능을 다룹니다.
  · 한국인의 언어생활, 언어 사용 환경의 변화를 발 빠르게 반영하여 실제적인 언어 맥락과 표현을 제공합니다.
  · 한국어 학습자의 특성과 요구를 반영하여 명확한 제시와 다양한 연습 방법을 마련했으며 자기 주도적 학습이 가능하도록 구성했습니다.
  · 친근하고 생동감 있는 삽화와 입체적이고 감각적인 디자인으로 학습의 재미를 더합니다.

▶ **한국어 학습에 최적화된 교수 학습 과정을 구현합니다.**

- 학습자에게 유용한 의사소통 과제를 선정했습니다. 과제 수행에 필요한 언어 항목을 학습한 후 과제 활동을 하도록 구성했습니다.
- 고급 수준의 언어 구사를 위해 어휘 항목을 강화했습니다. 주제와 관련된 어휘는 물론 관용어, 속담, 사자성어, 시사 용어 등 사회 문화적인 관용 표현을 추가했습니다.
- 도입 – 제시 · 설명 – 형태적 연습 활동 – 유의적 연습 활동의 단계로 절차화했습니다.
- 알기 쉽게 제시하고 충분히 연습하는 단계를 마련하여 학습한 내용의 이해에 그치지 않고 바로 사용할 수 있습니다.
- 획일적이고 일관된 방식을 탈피하여 언어 항목의 중요도와 난이도에 맞춰, 제시하는 절차와 분량에 차이를 두었습니다.

《고려대 한국어》의 구성

▶ 5A와 5B는 각각 5단원으로 한 단원은 10시간 정도가 소요됩니다.

▶ 한 단원의 구성은 아래와 같습니다.

도입	배워요		이제 해 봐요				관용 표현
학습 목표	어휘	문법	말해요	들어요	읽어요	써요	자기 평가
어휘 확인							

▶ 교재의 앞부분에는 '이 책의 특징'과 '단원 구성 표'를 배치했고, 교재의 뒷부분에는 '정답'과 '듣기 지문'을 부록으로 넣었습니다.

▶ 모든 듣기는 MP3 파일 형태로 내려받아 들을 수 있습니다.

《고려대 한국어 5A》의 목표

일과 삶의 균형, 교육, 재테크와 경제 현황, 심리와 정신 건강, 음식 문화와 역사 등 친숙하지 않은 추상적 · 사회적 주제에 대해 이해하고 객관적인 근거를 갖추어 자신의 생각을 표현할 수 있습니다. 격식적, 공식적 맥락에서 필요로 하는 의사소통 기능을 능숙하게 수행할 수 있습니다.

주제와 관련된 삽화를 보면서 단원의 주제, 의사소통 기능 등을 확인합니다.

3 재테크와 경제 현황

여러분 주위의 사람들은 재테크를 어떻게 하고 있습니까?

단원의 제목

• 간단한 질문을 통해 단원의 의사소통 목표를 생각해 봅니다.

어휘의 도입

• 목표 어휘가 사용되는 의사소통 상황입니다.
• 어휘의 성격에 따라 비격식적 대화, 격식적 담화로 제시합니다.

어휘의 제시

• 어휘 목록입니다. 맥락 속에서 어휘를 배웁니다.
• 그림, 어휘 사용 예문을 보며 어휘의 의미와 쓰임을 확인합니다.

추가 정보

• 관련 어휘, 발음, 문화 정보 등 참고할 내용을 소개합니다.

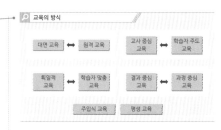

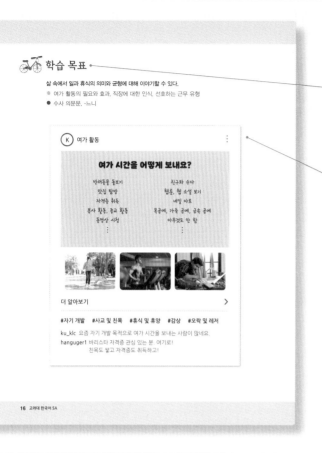

학습 목표

- 단원을 학습한 후에 수행할 수 있는 의사소통 목표입니다.

어휘 확인

- 단원 주제와 관련된 어휘입니다. 스스로 확인하며 배경 지식을 활성화합니다.

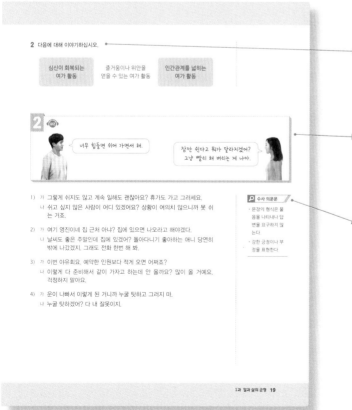

어휘의 연습

- 배운 어휘를 확인하고 사용해 볼 수 있는 말하기 연습입니다.

문법의 도입

- 목표 문법이 사용되는 의사소통 상황입니다.

문법의 제시

- 목표 문법을 사용하기 위해 알아야 하는 기본 정보입니다.
- 목표 문법의 의미와 쓰임을 여러 예문을 통해 확인합니다.

이 책의 특징

읽기 활동

- 단원의 주제와 기능이 구현된 의사소통 읽기 활동입니다.
- 중심 내용 파악과 세부 내용 파악 등 목적에 따라 여러 번 읽습니다.

말하기 활동

- 단원의 주제와 기능이 구현된 의사소통 말하기 활동입니다.
- 말하기 전에 말할 내용이나 방식에 대해 생각해 본 후 말하기를 합니다.

쓰기 활동

- 단원의 주제와 기능이 구현된 의사소통 쓰기 활동입니다.
- 쓰기 전에 써야 할 내용이나 방식에 대해 생각해 본 후 쓰기를 합니다.

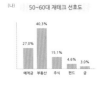

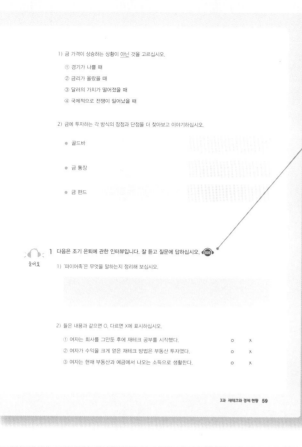

1) 금 가격이 상승하는 상황이 <u>아닌</u> 것을 고르십시오.

① 경기가 나쁠 때
② 금리가 올랐을 때
③ 달러의 가치가 떨어졌을 때
④ 국제적으로 전쟁이 일어났을 때

2) 금에 투자하는 각 방식의 장점과 단점을 더 찾아보고 이야기하십시오.

● 골드바

● 금 통장

● 금 펀드

1 다음은 조기 은퇴에 관한 인터뷰입니다. 잘 듣고 질문에 답하십시오.

1) '파이어족'은 무엇을 말하는지 정리해 보십시오.

2) 들은 내용과 같으면 O, 다르면 X에 표시하십시오.

① 여자는 회사를 그만둔 후에 재테크 공부를 시작했다.　　　　　O　　X
② 여자가 수익을 크게 얻은 재테크 방법은 부동산 투자였다.　　　O　　X
③ 여자는 현재 부동산과 예금에서 나오는 소득으로 생활한다.　　　O　　X

듣기 활동

- 단원의 주제와 기능이 구현된 의사소통 듣기 활동입니다.
- 중심 내용 파악과 세부 내용 파악 등 목적에 따라 여러 번 듣습니다.

---

3) 위와 같은 상황에서 여러분은 경제적으로 어떤 준비와 노력을 하고 있습니까? 재테크 현황이나 앞으로의 계획을 생각해 보십시오.

4) 정리한 내용을 바탕으로 글을 쓰십시오.

● 어떤 상황에서 다음의 표현을 사용하는지 이야기해 봅시다.

티끌 모아 태산	
밑져야 본전	
일확천금	
돈방석에 앉다	
돈이 돈을 번다	
허리띠를 졸라매다	
꿩 먹고 알 먹기	
누워서 떡 먹기	
새 발의 피	
손을 벌리다	

재테크 방법과 경제 현황에 대해 이야기할 수 있습니까?　☆ ☆ ☆ ☆ ☆

관용 표현

- 단원 주제와 관련된 유용한 관용 표현을 소개합니다.

자기 평가

- 단원 앞부분에 제시되었던 학습 목표 달성 여부를 학습자 스스로 점검합니다.

단원 구성 표

단원	단원 제목	학습 목표	의사소통 활동
1과	일과 삶의 균형	삶 속에서 일과 휴식의 의미와 균형에 대해 이야기할 수 있다.	• 근무 방식 변화에 대한 안내문 읽기 • 휴식에 대한 강연 듣기 • 일과 삶의 균형에 대해 이야기하기 • 여유가 있는 삶에 대한 글쓰기
2과	우리 시대의 교육	교육의 목표와 변화 양상에 대해 설명할 수 있다.	• 교육의 변화에 대한 글 읽기 • 대학 교육 제도에 대한 대담 듣기 • 교육의 변화에 대한 발표 자료 만들기 • 교육의 변화에 대해 발표하기
3과	재테크와 경제 현황	재테크 방법과 경제 현황에 대해 이야기할 수 있다.	• 금 투자 방법에 대한 블로그 읽기 • 조기 은퇴자 인터뷰 듣기 • 선호하는 재테크 조사하여 발표하기 • 경제 현황과 재테크 계획에 대한 글쓰기
4과	심리와 정신 건강	심리 상태와 정신 건강에 대해 이야기할 수 있다.	• 심리 상태 진단 테스트 읽기 • 정신 건강에 대한 방송 듣기 • 중독에 대해 이야기하기 • 감정 일기 쓰기
5과	음식 문화와 역사	음식 문화와 역사에 대해 설명할 수 있다.	• 고추의 유입에 대한 글 읽기 • 한국 음식에 대한 다큐멘터리 듣기 • 음식 또는 음식 문화의 역사에 대한 설명문 쓰기 • 음식 또는 음식 문화의 역사에 대해 발표하기

어휘	문법	관용 표현
• 여가 활동의 필요 • 여가 활동의 효과 • 직장에 대한 인식 • 선호하는 근무 유형	• 수사 의문문 • -느니	업무, 바쁜 일상
• 교육 기관과 특징 • 교육의 내용 • 교육의 목표 • 교육의 방식	• -는 데에 • -아지면서	교육, 학업
• 재테크 • 자산 • 경제 현황 • 경제 지표	• 은커녕 • 근거를 가지고 이야기하기	절약, 경제
• 심리 상태 • 정신 건강	• 얼마나 -는지 • 원인과 결과 표현하기	감정, 심리
• 재료 손질 방법 • 조리법 • 먹는 방법 • 음식 문화의 역사	• -은 채 • -자	음식, 밥

차례

부록

1 일과 삶의 균형

여러분은 일과 휴식 사이의 균형을 갖추고 있습니까?

학습 목표

삶 속에서 일과 휴식의 의미와 균형에 대해 이야기할 수 있다.

- 여가 활동의 필요와 효과, 직장에 대한 인식, 선호하는 근무 유형
- 수사 의문문, -느니

 여가 활동

여가 시간을 어떻게 보내요?

반려동물 돌보기	친구와 수다
맛집 탐방	웹툰, 웹 소설 보기
자격증 취득	네일 아트
봉사 활동, 종교 활동	목공예, 가죽 공예, 금속 공예
동영상 시청	아무것도 안 함
⋮	⋮

더 알아보기 〉

#자기 개발   #사교 및 친목   #휴식 및 휴양   #감상   #오락 및 레저

ku_klc 요즘 자기 개발 목적으로 여가 시간을 보내는 사람이 많네요.
hanguger1 바리스타 자격증 관심 있는 분. 여기로!
친목도 쌓고 자격증도 취득하고!

배워요

011

여유 시간이 생기면 보통 어떻게 보내세요?

골프를 자주 쳐요. 시간이 많으면 캠핑도 가고요.

활기차게 보내시네요.

네. 몸을 움직여야 피로도 풀리고 에너지도 충전되더라고요.

🔍 여가 활동의 필요

지치다	피로하다	의욕이 없다
낙이 없다	스트레스가 심하다	허송세월을 보내다

⚡**욕구**
- 식욕
- 물욕
- 성욕
- 수면욕
- 권력욕
- 소유욕

🔍 여가 활동의 효과

여유를 갖다	에너지를 재충전하다	심신을 회복하다
능력을 개발하다	스트레스를 해소하다	활기차다, 활기가 넘치다
정서적 위안을 얻다	인간관계를 넓히다	돌파구를 찾다

1) 가 이번 달은 휴일이 하나도 없네. 무슨 낙으로 사나?

나 그래서 전 다음 달에 일주일 휴가를 냈어요. 바쁠 때일수록 여유를 갖고 쉬어야겠더라고요.

2) 가 공연 보러 자주 가시네요. 비용이 좀 많이 들지 않아요?

나 그렇긴 한데 스트레스를 해소하는 데에 도움이 많이 돼서요. 돈이 아깝지 않아요.

3) 가 요즘 뭔가 활기가 넘치시는 것 같아요. 좋은 일 있으세요?

나 얼마 전에 소일거리를 하나 찾았거든요. 가죽 공방에서 공예를 배우는데 시간도 잘 가고, 갔다 오면 의욕도 생기고 그러더라고요.

4) 가 휴일에 소파에서 누워만 있는데도 왜 피로가 풀리지 않을까요?

나 심신 회복을 위해서는 그냥 쉬는 것보다 운동이나 간단한 레저 활동을 하는 게 도움이 돼요.

1 다음과 같이 이야기해 보십시오.

가 여가 활동을 하다 보니 새롭게 배우게 되는 것이 많더라고요.

나 맞아요. 능력 개발에 도움이 되죠.

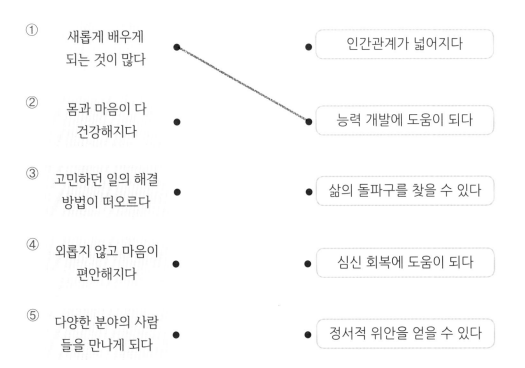

① 새롭게 배우게 되는 것이 많다 —— 능력 개발에 도움이 되다

인간관계가 넓어지다

② 몸과 마음이 다 건강해지다

③ 고민하던 일의 해결 방법이 떠오르다 삶의 돌파구를 찾을 수 있다

④ 외롭지 않고 마음이 편안해지다 심신 회복에 도움이 되다

⑤ 다양한 분야의 사람들을 만나게 되다 정서적 위안을 얻을 수 있다

2 다음에 대해 이야기하십시오.

심신이 회복되는 여가 활동	즐거움이나 위안을 얻을 수 있는 여가 활동	인간관계를 넓히는 여가 활동

2 🎧 012

너무 힘들면 쉬어 가면서 해.

잠깐 쉰다고 뭐가 달라지겠어?
그냥 빨리 해 버리는 게 나아.

1) 가 그렇게 쉬지도 않고 계속 일해도 괜찮아요? 휴가도 가고 그러세요.
   나 쉬고 싶지 않은 사람이 어디 있겠어요? 상황이 여의치 않으니까 못 쉬는 거죠.

2) 가 여기 영진이네 집 근처 아냐? 집에 있으면 나오라고 해야겠다.
   나 날씨도 좋은 주말인데 집에 있겠어? 돌아다니기 좋아하는 애니 당연히 밖에 나갔겠지.

3) 가 이번 야유회요. 예약한 인원보다 적게 오면 어쩌죠?
   나 이렇게 다 준비해서 같이 가자고 하는데 안 올까요? 많이 올 거예요. 걱정하지 말아요.

4) 가 운이 나빠서 이렇게 된 거니까 누굴 탓하고 그러지 마.
   나 누굴 탓하겠어? 다 내 잘못이지.

🔍 **수사 의문문**

• 문장의 형식은 물음을 나타내나 답변을 요구하지 않는다.

• 강한 긍정이나 부정을 표현한다.

1 다음과 같이 이야기해 보십시오.

| 다들 쉬고 싶다 | 가 쉬고 싶지 않은 사람이 어디 있겠어요? |

---

① | 다들 자기 시간이 필요하다 | ② | 다들 도시에서 살고 싶다 |

③ | 다들 공부하기 싫어한다 | ④ | 다들 돈을 좋아한다 |

2 다음과 같이 이야기해 보십시오.

가 혼자 못 하겠으면 도와 달라고 하세요.

나 | 도와 달라고 안 했을 것 같아요? | 말했는데도 저렇게 나 몰라라 해요.

---

① 가 그렇게 걱정되면 전화 한번 해 보세요.

  나 _____ 여러 번 했는데도 안 받아요.

② 가 그렇게 싫으면 싫다고 말하세요.

  나 _____ 여러 번 했는데도 계속 저래요.

③ 가 그럴수록 본인 생각을 차근차근 이야기해 보세요.

  나 _____ 제 이야기는 들을 생각도 안 해요.

3 다음에 대해 이야기하십시오.

| 언제, 왜 사용하는지 | | 우리가 남이야? | | 누가 안 한대? |

3

워크-라이프-밸런스라는 용어는 1970년대 영국에서 처음 사용되었습니다. 한국에서는 2010년대부터 '저녁이 있는 삶'이란 슬로건을 통해서 그 개념이 서서히 알려졌죠. 그러다가 워크 라이프 밸런스를 줄여 '워라밸'로 부르게 되었습니다.

워크 라이프 밸런스

- **1970년대, 영국**
  처음 사용
- **2010년대, 한국**
  '저녁이 있는 삶'이라는 슬로건으로 개념 소개
- **2016년**
  신문 기사에서 '워라밸'로 줄여서 표기

🔍 직장에 대한 인식

기존 세대(기성세대)	젊은 세대(신세대)
평생직장	현재의 만족 중시
조직에 충성	자유로운 이직
개인의 희생	개인의 삶 보장
수직적인 업무 지시와 보고	수평적이고 자율적인 업무 환경
인간관계 중시	업무 효율성 중시

⚡ 세대 구분

- **베이비부머**
  1955-1964년
- **386 세대**
  1960-1969년
- **X 세대**
  1970-1980년
- **밀레니얼 세대**
  1981-1996년
- **Z 세대**
  1997- 2012년
- **알파 세대**
  2013년 이후

🔍 선호하는 근무 유형

유연 근무제	재량 근무제

정시 퇴근	자율 출퇴근	재택근무
명확한 업무 지시	보고 단계 최소화	건전한 회식 문화

1) 가 우리 부모님 세대만 하더라도 평생직장 개념이 강해서 한 번 직장에 들어가면 퇴직 때까지 이직은 생각도 안 하셨죠.

나 맞아요. 개인 삶이란 없고 오로지 조직에 충성을 다했죠.

2) 가 새로 오신 부장님은 어때요?

나 좀 엄격한 분인 것 같은데 업무 지시가 명확해서 일하는 건 훨씬 수월해졌어요.

3) 가 수평적인 조직 문화를 만들기 위해 노력을 많이 하셨다고요?

나 네. 자기가 맡은 업무에 대해 자유롭게 의견을 말할 수 있어야 한다고 생각했어요.

4) 가 우리 회사도 재택근무 제도가 도입된다던데. 어떤 식으로 하는 걸까요?

나 말 그대로 출퇴근을 하지 않고 자택에서 업무를 볼 수 있는데요. 주어진 업무는 기한 내에 끝내면 된다고 합니다.

1 다음과 같이 이야기해 보십시오.

> 매우 중요하게 여김

충	성	박	자
세	중	효	율
지	시	신	이
희	생	조	직

① 직장을 옮기거나 바꿈

② 들어간 노력과 얻은 결과의 비율

③ 자기 스스로의 원칙에 따라 어떤 일을 함

④ 어떤 목적을 위해 자신의 생명, 재산, 이익 등을 버림

2 다음과 같이 이야기해 보십시오.

> 회사에 가지 않고 집에서 업무를 봐요.

재 택 근 무

---

① 우리 회사는 출퇴근 시간을 자유롭게 선택할 수 있어요. 그래서 저는 보통 10시에 출근하고 있어요.

☐ ☐ 출 퇴 근

② 친목 도모를 위해 회식을 하는 건 좋은데 직원들이 원하는 때에 원하는 방식으로 하면 좋겠어요.

☐ ☐ ☐ 회 식 문 화

③ 전에는 보고할 사람이 많아서 업무 처리 시간이 길었는데 이제 바뀌었어요.

보 고 단 계 ☐ ☐ ☐

④ 직원에게 일을 시킬 때에는 무엇을 언제까지 해야 하는지 정확하게 전달하세요.

명 확 한 ☐ ☐ ☐ ☐

3 다음에 대해 이야기하십시오.

직장에 대한 인식   부모 세대   요즘 세대

4 (014)

회사를 옮기셨다고요?

네. 주말도 못 쉬고 바쁘게 사느니 적게 벌더라도 휴가가 보장된 직장이 좋겠더라고요.

🔍 **-느니**

• 앞의 내용을 선택 하기보다는 뒤의 내용을 선택함을 나타낸다.

• '차라리'와 자주 같 이 쓴다.

1) 가 이번에 프로젝트에 참여 안 하실 거예요?
   나 네. 이름이 드러나지도 않는 일을 하느니 처음부터 참여 안 하려고요.

2) 가 보고서 정리를 혼자 하시는 거예요?
   나 애매하게 남한테 맡기느니 차라리 내가 해 버리는 게 맘 편해.

3) 가 왜 안 기다리고 가려고?
   나 언제 답해 줄지도 모르는데 무작정 대답을 기다리느니 직접 찾아가서 알아보는 것이 낫겠어.

4) 가 휴대폰 액정 고쳤어요? 수리비 많이 나오죠?
   나 네. 너무 비싸더라고요. 비싸게 돈 들여 수리하느니 새로 사는 게 나을 것 같아서 고민 중이에요.

1 다음과 같이 이야기해 보십시오.

| 평균 연봉도 안 되는 적은 연봉을 받아요 | 가 왜 그만두시려고 해요?
나 평균 연봉도 안 되는 적은 연봉을 받느니 그만두는 게 나을 것 같아요. |

---

① 몸이 안 좋을 때도 출근해야 해요

② 기본 생활비도 못 벌어요

③ 불편한 사람과 한 공간에서 지내다

④ 자기 의견을 편하게 말을 못 해요

⑤ 지난 학기와 같은 수업을
또 들어요

⑥ 상사의 지시대로만
일해야 해요

2 다음과 같이 이야기해 보십시오.

가 둘 중에 하나만 골라야 한다면 어느 쪽을 선택하시겠어요?

나 둘 다 마음에 안 들지만 굳이 하나를 고른다면 월요일 새벽 4시에 출근하느니
차라리 금요일 자정까지 야근하는 걸 선택할래요.

① 월요일 새벽 4시 출근하기   vs   금요일 자정까지 야근하기

② 정말 나쁜 일하고 칭찬받기   vs   정말 좋은 일하고 비난받기

③ 10살 나이로 평생 살기   vs   60세 나이로 평생 살기

④ 뭔가를 읽지 않고 평생 살기   vs   뭔가를 듣지 않고 평생 살기

⑤ 좋아하는 일하면서 한 달에
100만 원 벌기   vs   싫어하는 일하면서 한 달에
1000만 원 벌기

3 다음에 대해 이야기하십시오.

힘들고 마음에 안 드는 일

이제 해 봐요

1 다음은 근무 방식 변화에 관한 안내문입니다. 잘 읽고 질문에 답하십시오.

[일과 삶 균형 추진단] 근무 혁신 10대 실천 방안

● **정시 퇴근**

1 불필요한 야근 줄이기

2 퇴근 직전 업무 지시 (　　　㉠　　　)

3 근무 시간 외 전화·문자·단체 카톡 금지

4 가족과 함께하는, 문화를 즐기는 저녁 만들기

● **똑똑한 업무**

5 꼭 필요한 회의만, 간결하고 효율적으로 (　　　㉡　　　)

6 명확하고 구체적인 업무 지시

7 업무의 질과 성과로 평가하는 문화 만들기

● **건전한 직장 문화**

8 자유로운 연가 사용 분위기 조성

9 꼭 필요한 회식만, 일정은 사전 (　　　㉢　　　)

10 부서장부터 실천하기

1) ㉠~㉢에 들어갈 알맞은 표현을 찾아 넣으십시오.

결재,　공유,　자제,　제안,　진행,　판단

2) 다음 상황과 관련 있는 실천 방안의 번호를 쓰십시오.

① 무엇을, 왜, 어떻게, 언제까지 검토하고 보고해야 하는지 알려 주세요.

② 휴가를 쓰겠다고 하면, 묻지도 따지지도 말고 바로 허락해 주면 안 됩니까?

③ 지난주에 제출한 보고서의 피드백 메일이 도착했다. 지금 토요일 저녁이라고요!

3) '근무 혁신 실천 방안'에 대해 여러분 나라와 한국의 경우를 비교하며 이야기하십시오.

들어요

1 다음은 휴식에 관한 강연입니다. 잘 듣고 질문에 답하십시오.

1) 강연자가 말하는 '오티움'의 정의는 무엇입니까?

2) 오티움에 대한 설명으로 맞는 것을 고르십시오.

① 이 활동을 할 때에는 마음이 편안해지고 행복하다.

② 양질의 여가 활동은 한 번의 경험으로도 충분히 효과적이다.

③ 처음에 끌리지 않던 활동도 지속적으로 하다 보면 흥미를 찾게 된다.

④ 주말에는 특별한 활동을 하기보다는 집에서 온전히 쉬는 시간이 필요하다.

말해요

1 '일과 삶의 균형 잡힌 삶'에 대해 이야기하십시오.

1) 여러분은 현재 여유가 있는 삶을 살고 있습니까?

A 그렇다　　　　　　　　　　　B 아니다

2) 다음에 대해 생각해 보십시오.

A　여유 있다고 생각하는 근거는?　　　B　여유롭지 않다고 생각하는 근거는?

　　휴식을 보내는 나만의 방법은?　　　　　여유를 갖기 위해 바꿔야 하는 것은?

3) 생각한 내용을 바탕으로 친구와 이야기하십시오

4) 이야기한 내용을 바탕으로 앞으로 개선할 수 있는 부분을 찾아보십시오.

써요

1 '여유가 있는 삶'에 관한 글을 쓰십시오.

1) 일 또는 학업 외의 시간을 생각해 보십시오.

- 보통 일 또는 학업에 얼마나 시간을 보내는지

- 여유 시간은 언제이며, 얼마나 되는지

- 그때 무엇을 하며 시간을 보내는지

2) 여유 시간의 활동에 대해 생각해 보십시오.

- 그 활동이 온전한 휴식에 해당되는지

- 맞는다면 어떤 부분이 해당되는지

- 아니라면 어떤 점이 부족한지

- 앞으로 개선할 수 있는 부분은 무엇인지

3) 위의 생각한 내용을 바탕으로 글을 쓰십시오.

- 어떤 상황에서 다음의 표현을 사용하는지 이야기해 봅시다.

눈코 뜰 사이 없다	
손가락 하나도 움직이지 못하다	
머리를 식히다	
꿈도 못 꾸다	
그림의 떡	
동상이몽	
시기상조	

이번 과 공부는 어땠어요? 별점을 매겨 보세요!

삶 속에서 일과 휴식의 의미와 균형에 대해 이야기할 수 있습니까?	☆ ☆ ☆ ☆ ☆

What 무엇을 배우는가?

Who 누가 배우는가?

어떻게 배우는가? **How**

왜 배우는가? **Why**

2 우리 시대의 교육

학습 목표

교육의 목표와 변화 양상에 대해 설명할 수 있다.

- 교육 기관과 특징, 교육의 내용과 목표, 교육의 방식
- –는 데에, –아지면서

K 교육   ⋮

학창 시절

반장, 회장	매점	운동회/체육 대회
짝꿍	교실	소풍, 수학여행
당번	보건실	가정 방문
전교 1등 ↔ 꼴등	교무실	수련회
모범생, 우등생	운동장	자습
문제아, 불량 학생	강당	입학시험/입시
학부모	급식	개학
교장 선생님	교복	전학을 가다
담임 선생님	남녀 공학	자퇴하다

더 알아보기   ＞

#학창 시절   #학창 시절 소환   #학창 시절 추억

ku_klc 학창 시절 하면 제일 먼저 떠오르는 것은?
　└ choco 쉬는 시간마다 매점으로 뛰어갔던 것!
　└ 달코미486 밤늦게까지 한 야간 자율 학습. 다시 하고 싶지 않아 ㅠ

 배워요

1 (021)

학창 시절을 어떻게 보냈어요?

제가 다녔던 학교는 입시를 중요시하는 사립 고등학교였거든요.
시험 때마다 경쟁이 치열해서 좀 힘들었어요.

🔍 교육 기관과 특징

공교육, 정규 교육	사교육, 비정규 교육
국립	학원
공립	과외
사립	대안 학교
의무 교육 무상 교육	홈스쿨링

면학 분위기가 좋다	경쟁이 치열하다	학칙이 자유롭다

입시 위주의 교육을 하다	교육 과정을 스스로 선택하다

1) 가 대안 학교의 가장 큰 장점은 뭐라고 생각하세요?

　　나 무엇보다 정해진 교육 과정을 따르지 않고 학생들이 배우고 싶어 하는 것을
　　　 스스로 선택할 수 있다는 점이라고 말할 수 있습니다.

2) 가 학교의 학칙과 학업 성취도와의 관련성을 밝힌 연구가 있다면서요?

　　나 네. 최근 연구에 따르면 학교의 규제가 심한 경우보다 학칙이 자유로울 때 학업 성취도가 더 높은 것으로 나타났습니다.

3) 학원이나 과외 등 사교육에 지나치게 의존하는 현재의 교육 문제를 해결하기 위해서는 정부의 정책 못지않게 학부모의 사고 전환이 필요하다.

1 다음에 대해 이야기하십시오.

다녔던 교육 기관	그 교육 기관의 특징

2

저희 학교는 교과목 위주의 교육에서 벗어나 올바른 인간으로 자랄 수 있도록 인성 교육을 충분히 하고 있습니다.

⚡ **교과목**

- 국어
- 영어
- 수학
- 과학
- 사회
- 지리
- 역사
- 체육
- 음악
- 미술

🔍 **교육의 내용**

교과목 위주 교육	예체능 교육	기술 교육
인성 교육	성교육	진로 교육

융합 교육	디지털 역량 교육	생태 교육

🔍 교육의 목표

| 지식 | 문화 | 기술 |을| 배우다 | 습득하다 |

| 사고력 | 창의력 | 문제 해결 능력 |
| 역량 | 교양 | 사회성 | 감수성 |을

| 기르다 | 키우다 |
| 쌓다 | 함양하다 |
| 향상시키다 |

1) 가 요즘 초등학생을 대상으로 하는 문화나 예술 체험 수업이 많아진 것 같아요.
   나 예술 활동이 감수성과 창의력 향상에 도움이 되잖아요.

2) 가 성인 대상의 직업 교육 프로그램이 있다고 하셨는데 어떤 내용으로 진행되나요?
   나 직무 역량 강화 교육이나 재취업을 위한 기술 교육 등을 받게 됩니다.

1 다음과 같이 이야기해 보십시오.

청소년의 디지털 성범죄가 늘어나면서 공교육에서 (**성교육**)의 중요성이 더욱 강조되고 있습니다.

① 환경을 관찰하고 배우면서 그 속에서 인간과 자연이 조화롭게 함께 살 수 있는 방법을 생각해 보도록 하는 것이 (   )의 가장 큰 목적입니다.

② 저희 대학교는 2개 이상의 학과가 협력하여 학생들이 과학, 인문학, 예술 등의 다양한 지식을 동시에 습득할 수 있도록 (   )을 실시하고 있습니다.

③ 우리 시에서는 65세 이상 노인들을 대상으로 [   ]을 강화하기 위한 컴퓨터 프로그램 사용법과 SNS 활용법 특강을 무료로 제공하고 있습니다.

2 다음과 같이 이야기해 보십시오.

| 틀린 문제를 스스로 다시 풀어 보기 | 가 틀린 문제를 스스로 다시 풀어 보면 문제 해결 능력을 키울 수 있습니다. |

---

① 이야기의 결말을 상상해서 써 보기

② 여러 명이 함께 과제를 수행하기

③ 음악을 듣고 느낌을 그림으로 표현하기

④ 박물관에 가서 역사 특강을 듣기

3 다음에 대해 이야기하십시오.

| 자국의 교육 현황 | 입시 위주 교육 | 예체능 교육 | 성교육 |

3 🎧 023

교수님, 사고력을 키우는 데에 가장 도움이 되는 방법은 무엇입니까?

어떤 주제에 대해 토론을 해 보는 것이지요.

1) 가 글을 읽고 이해하는 능력을 키우는 데에 독서가 유용하다고 하던데요.

   나 맞습니다. 많은 어휘를 접해 보는 것이 문해력의 기본이니까요.

2) 가 현재의 교육 방식에 변화가 필요하다고 하셨는데요.

   나 올바른 인격을 형성하고 개인의 삶의 질을 높이는 데에 교육의 의의가 있다고 봅니다. 교육의 본질을 놓치지 않도록 해야 합니다.

3) 자신이 학습한 내용을 다른 사람에게 다시 한번 설명해 보는 활동은 내용을 이해하고 암기하는 데에 효과적인 방법이다.

🔍 -는 데에

• 앞말이 가리키는 일이나 것 또는 경우를 의미한다.

• '도움이 되다', '유용하다', '가치가 있다' 등과 자주 쓴다.

1 다음과 같이 이야기해 보십시오.

가 강의식 수업은 단시간에 많은 지식을 전달하는 데에 유용해요.

① 강의식 수업 — 단시간에 많은 지식을 전달하다

② 복습 — 배운 것을 스스로 정리하다

③ 외국어 학습 — 의사소통 능력을 키우다

④ 역사 만화 — 역사를 쉽게 이해하다

⑤ 하루 30분 걷기 — 건강을 유지하다

⑥ 계획표 작성 — 규칙적으로 생활하다

2 다음에 대해 이야기하십시오.

창의력 향상   지식 습득   언어 능력 향상   효과적인 교육 방법

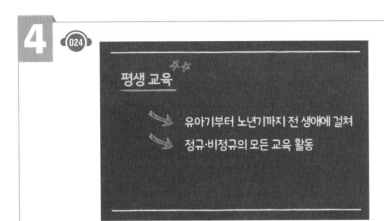

4 (024)

평생 교육
➜ 유아기부터 노년기까지 전 생애에 걸쳐
➜ 정규·비정규의 모든 교육 활동

평생 교육이란 유아에서 시작하여 노년에 이르기까지 평생에 걸쳐 이루어지는 교육을 말합니다. 학교의 정규 교육 과정을 비롯하여 가정과 사회에서의 교육을 통해 개인의 사회화를 이룬다는 개념입니다.

🔥 생애 주기

· 영아기
· 유아기
· 아동기
· 청소년기
  (사춘기)
· 성년기
· 중년기
· 노년기

🔍 **교육의 방식**

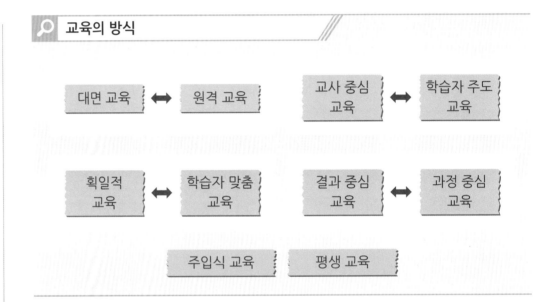

1) 가 사람마다 배우는 속도가 다른데 모두 동일한 방법으로 같은 내용을 배우는 것은 교육 효과가 떨어지는 것 같아요.

　나 그래서 최근에는 스마트 기기를 활용해 학습자의 특성에 따른 맞춤 교육을 실시하고 있는 학교가 늘어나고 있대요.

2) 가 온라인상으로 이루어지는 원격 수업을 하면 학습자의 참여도가 떨어지지 않을까요?

　나 그래서 저희 학교의 수업은 대부분 토론 수업으로 진행됩니다. 대면 수업에 비해 학생의 집중력과 참여도가 떨어지지는 않죠.

3) 가 과정 중심 교수법이 강조되면서 평가 방식도 변화가 있다면서요?

나 네. 전에는 암기한 내용을 바탕으로 정답을 찾는 식의 평가가 주를 이루었는데요. 최근에는 문제를 해결해 가는 과정을 보는 수행 평가가 많이 적용되고 있습니다.

4) 삶의 질이 높아지고 여유가 생기면서 취미 활동 및 다양한 분야의 교양을 쌓기 위해 평생 교육 기관을 찾는 성인들이 늘어나고 있다.

1 다음과 같이 이야기해 보십시오.

지구 반대편에 있는 교수님의 강의도 어느 곳에서나 실시간으로 들을 수 있다. 　　원 격 교 육

① 왜 그런지 생각하기보다 우선 외우고 기억하도록 한다. 많은 정보를 단기간에 전달할 수 있다. 　　☐ ☐ ☐ 교 육

② 학습자의 학습 속도나 연령 등을 고려하지 않고 동일한 방식과 내용으로 가르친다. 　　☐ ☐ ☐ 교 육

③ 학생 스스로 교육 과정을 선택하고 자신의 학습 속도를 결정하고 학습해 나가는 것이 홈스쿨링의 최고의 장점이다. 　　학 습 자 ☐ ☐ 교 육

2 다음에 대해 이야기하십시오.

교사 중심	—	예체능 교육	—	학습자 주도
획일적	—	진로 교육	—	학습자 맞춤
결과 중심 평가	—	언어 수업	—	과정 중심 평가

5 🎧 025

학습자의 요구가 다양해지면서 교육 방식도 점차 개인화되고 맞춤형 학습으로 변화하게 되었습니다.

🔍 -아지면서

- 변화하는 상황이 원인이 됨을 나타낸다.
- 동사+-게 되면서 형용사+-아지면서
- 변화의 의미를 포함하는 일부 동사는 '-면서'를 사용한다.

1) 가 정보의 양이 폭발적으로 증가하고 정보 검색도 용이해지면서 암기식 교육은 효과가 사라진 것 같아요.

나 맞아요. 이제는 많이 아는 것보다 빠르게 변화하는 사회에 적응할 수 있게 유연한 사고력을 갖는 것이 중요해졌어요.

2) 가 저는 저학년 때까지는 꽤 소극적인 아이였는데요. 4학년 때 학교 임원을 맡게 되면서 책임감도 커지고 적극적으로 제 의견을 말하게 되었어요.

3) 경제적 여유가 생기고 시민 의식이 높아지면서 주위의 어려운 사람들에게 관심을 갖는 사람들이 많아졌다.

1 다음과 같이 이야기해 보십시오.

외국어를 배우다   그 나라 문화도 알다

가 외국어를 배우게 되면서 그 나라의 문화도 알게 되었어요.

---

① 수업의 주제를 학생들이 선택하다   수업 참여도가 높다

② 진학이 아닌 취업을 하다   학업과는 거리가 멀다

③ 학원 간 경쟁이 치열하다   교육 서비스 품질이 좋다

④ 　반려동물을 기르는 사람이 많다　　반려동물 산업이 성장하다

⑤ 　직장인의 근무 시간이 단축되다　　여가 활동 인구가 늘다

2 다음과 같이 이야기해 보십시오.

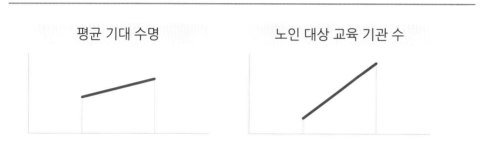

가　평균 기대 수명이 늘어나면서 노인 대상 교육 기관도 10년 전보다 많아졌어요.

3 다음에 대해 이야기하십시오.

　자기 나라 교육의 변화　　　한국어를 배운 후 생긴 변화

이제 해 봐요

1 다음은 교육의 변화에 관한 글입니다. 잘 읽고 질문에 답하십시오.

전통적인 교육 방식은 교사가 지식을 전달하고 학습자가 수동적으로 정보를 받아들이는 형태로 이루어졌다. 이를 위해 미리 설계된 교육 과정에 따라 교육 내용과 방식이 고정되었으며, 모든 학습자는 동일한 내용을 동일한 순서로 학습해야 했다. 평가 역시 교육 과정이 끝나갈 즈음, 학습자가 얼마나 많은 지식을 암기했는지를 확인하는 시험이 중심이었다. 당시의 교육은 숙련된 교사가 가르칠 내용을 체계적으로 정리하여 강의하는 방식이 주를 이루었다. 이 방식은 단기간에 많은 양의 지식을 전달하는 데 효과적이었으나 지식을 깊이 이해하거나 탐구하는 측면에서는 부족함이 컸다. 더불어 교육의 최우선 목표를 지식 습득에 두다 보니 학습자의 비판적 사고력, 창의성, 문제 해결 능력 등과 같은 역량을 키우는 데에는 한계가 있었다.

이에 대한 반성으로 현대 교육은 지식 습득뿐만 아니라 학생의 다양한 역량 개발을 목표로 삼고 있다. 이를 위해 학생이 스스로 문제를 해결하고 탐구하도록 돕는 프로젝트 기반 학습이나 협동 학습 같은 방식이 도입되었다. 프로젝트 기반 학습은 실생활의 문제를 바탕으로 학생이 문제를 이해하고 협력해 해결하는 과정을 통해 창의성, 사회성, 비판적 사고력을 기르는 데 효과적이다. 이러한 교육 방식의 변화는 평가에도 영향을 미쳐, 학습 결과를 중시하던 기존의 결과 중심 평가에서 학습 과정과 문제 해결 능력을 중시하는 과정 중심 평가로 전환되고 있다.

또한 현대 교육은 학문적 성취를 넘어 학습자의 전인적 발달을 강조한다. 협동, 의사소통 능력과 같은 사회적 기술을 키우고, 정서적, 도덕적 성장을 돕기 위한 인성 교육이 강화되고 있다. 이를 통해 학습자가 지식뿐만 아니라 삶의 다양한 문제를 해결할 수 있는 역량을 갖추고, 윤리적이고 책임감 있는 시민으로 성장하도록 돕는 데 중점을 두고 있다.

1) 이 글에서 사용된 글쓰기 방식을 <u>모두</u> 고르십시오.

나열,   대조,   묘사,   문제 제기,   비유,   서사,   요약

2) 읽은 내용과 <u>다른</u> 것을 고르십시오.

　① 전통적인 교육 방식은 학문을 깊이 있게 탐구하는 데 효과적이다.

　② 결과 중심 평가는 지식을 정확하게 많이 기억하고 있는지를 평가한다.

　③ 프로젝트 기반 학습은 학습자 간 협동해 문제를 해결해 나가는 게 특징이다.

　④ 최근에는 타인과 더불어 살 수 있는 기술을 가르치는 것을 중요시하고 있다.

1 다음은 대학 교육 제도에 대한 대담입니다. 잘 듣고 질문에 답하십시오.

1) 들은 내용과 <u>다른</u> 것을 고르십시오.

　① 이 대학에는 학생이 설계하는 전공 과정은 아직 도입되지 않았다.

　② 이 대학의 약 40%의 학생들이 융합 전공 과정을 이수하고 있다.

　③ 디지털 예술 플랫폼 회사와의 협력은 음악 전공의 보완을 위한 것이다.

　④ 융합 전공 과정은 두 전공의 지식을 실제로 활용할 기회를 제공한다.

2) '무전공 제도'에 대한 남자의 태도로 맞는 것을 고르십시오.

　① 제도의 장점을 강조하며 제도의 확산을 주장하고 있다.

　② 제도의 안착을 위한 학교와 학생의 협조를 요청하고 있다.

　③ 제도의 긍정적인 효과를 기대하며 빠른 도입을 촉구하고 있다.

　④ 제도의 도입 배경은 이해하지만 제도의 한계점을 지적하고 있다.

1 '교육의 변화'에 관한 발표 자료를 만드십시오.

써요

1) 최근 교육은 어떻게 변화하고 있습니까? 다음 주제 중 하나를 고르십시오.

| 원격 교육 | 학습자 주도 학습 | 평생 교육 |

2) 선택한 주제에 대해 생각해 보십시오. 필요한 경우 관련 자료를 찾아 정리하십시오.

- 이 교육 방법은 무엇인지

- 기존 교육 방법과는 어떤 차이점이 있는지

- 이런 교육이 등장하게 된 배경은 무엇인지

- 이 교육이 가지고 있는 의의는 무엇인지

-

3) 생각한 내용을 바탕으로 발표 자료를 만드십시오.

1 '교육의 변화'에 관한 발표를 하십시오.

말해요

1) 쓰기에서 쓴 내용을 바탕으로 발표를 할 것입니다. 다음에 대해 생각해 보십시오.

- 발표의 내용

- 발표의 구조

- 발표의 표현

2) 수정이 필요한 부분이 있다면 보완하십시오.

3) 준비한 내용을 바탕으로 발표를 하십시오.

4) 발표에 대해 좋은 점과 개선할 점 위주로 의견을 나누십시오.

● 어떤 상황에서 다음의 표현을 사용하는지 이야기해 봅시다.

배움에는 끝이 없다	
배워서 남 주나	
낫 놓고 기역 자도 모른다	
빈 수레가 요란하다	
우물 안 개구리	
백문이 불여일견	
수박 겉 핥기	

이번 과 공부는 어땠어요? 별점을 매겨 보세요!

자기 평가

교육의 목표와 변화 양상에 대해 설명할 수 있습니까?	☆ ☆ ☆ ☆ ☆

3 재테크와 경제 현황

여러분 주위의 사람들은 재테크를 어떻게 하고 있습니까?

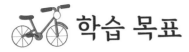

학습 목표

재테크 방법과 경제 현황에 대해 이야기할 수 있다.

● 재테크와 자산, 경제 현황과 지표

● 은커녕, 근거를 가지고 이야기하기

재테크
내 집 마련
목돈 마련
비상금 마련
노후 대비
조기 은퇴

생활비 관리
충동구매
과소비
짠돌이
짠순이
알뜰족
중고 거래

K 경제 활동

KU고려은행
정세진님 반갑습니다
KU 1234-567-890000   금액 ON
1,561,771원
조회   이체   모으기

전체계좌   투자관리   지출관리   세금

내 총 자산은 얼마일까?   ? 원 >

더 알아보기   >

homo_economicus 생활비 관리의 첫걸음은 씀씀이를 줄이는 것부터!
youngnrich 저는 언제쯤 조기 은퇴를 할 수 있을까요?

배워요

 031

대리님은 재테크를 어떻게 하고 있어요?

매달 적금을 붓고 있어요.
목돈이 생기면 주식에도 좀 투자하고요.

🔍 재테크

예금	적금	연금
가입하다/들다	붓다	해지하다
부동산	주식	외화
금	채권	가상 화폐
투자하다	매수하다	매도하다

⚡ 화폐 단위

· $ 달러
· € 유로
· £ 파운드
· ¥ 위안(元)
   엔

안전성이 있다   수익률이 높다   손실 가능성이 있다   위험 부담이 크다

소득	급여	상여금	성과급
	사업 소득	임대 소득	부업
대출	대출하다	대출을 받다	대출을 갚다
	빚을 내다	빚을 갚다	
	원금	이자	

🔍 자산

1) 가 주식 투자를 하고 싶긴 한데 위험 부담이 커서 시작을 못 하겠네.

   나 그래서 나는 은행에서 안전하다고 권유하는 적금에 가입했어.

2) 가 사회 초년생들은 어떻게 재테크를 시작하는 게 좋을까요?

   나 우선 예금과 적금으로 목돈을 마련하는 게 중요합니다. 종잣돈이 어느 정도 모여야 투자를 할 수 있으니까요.

3) 가 김 기자, 급여 생활자들이 노후 준비로 가장 선호하는 재테크 방법이 부동산 투자라고요?

   나 네. 은퇴 후에 소득이 없을 때 부동산이 있으면 임대 소득을 얻을 수 있기 때문입니다.

1 다음과 같이 이야기해 보십시오.

> 땅이나 건물 같이 움직일 수 없는 자산을 [**부동산**] (이)라고 합니다.

가상 화폐	급여	대출	부동산	부업
예금	외화	이자	적금	주식

① 직장에 다니면 매월 [   ]을/를 받아 안정적인 생활을 할 수 있습니다.

② [   ](이)란 실물은 없지만 디지털 가상 환경에서 사용되는 화폐를 말합니다.

③ [   ]에 가입하면 매달 정해진 금액을 꾸준히 저축할 수 있어서 좋습니다.

④ 필요한 돈이 부족하면 은행에서 빌릴 수 있습니다. 그것을 [   ](이)라고 하는데 돈을 갚을 때까지 매월 [   ]을/를 내야 합니다.

2 다음과 같이 이야기해 보십시오.

금 - 매수

수익률

가 재테크를 하고 싶은데 뭐가 좋을까요?

나 금을 한번 매수해 보세요. 수익률이 높아요.

① 채권 - 투자

손실 가능성

② 연금 - 가입

위험 부담

③ 적금 - 가입

안전성

3 다음에 대해 이야기하십시오.

관심 있는 재테크

자산 현황

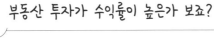
부동산 투자가 수익률이 높은가 보죠?

꼭 그렇지도 않아요.
제가 아는 사람은 투자를 잘못 해서
수익은커녕 손실을 많이 봤다고 하더라고요.

은커녕

- 앞의 것을 부정하는 것은 물론이고 그보다 덜하거나 못한 것까지 부정할 때 사용한다.
- 동사/형용사 + -기는커녕

1) 가 서울에서 직장 생활한 지 오래됐으니까 이제 집도 마련했겠네요.
   나 여기 집값을 몰라서 하는 이야기예요. 내 집 마련은커녕 전세금 내기도 힘들어요.

2) 가 연말 성과급 받았어요?
   나 아니요. 성과급은커녕 급여를 제때 받는 것에 만족해야 할 형편이에요. 요즘 회사 사정이 많이 안 좋거든요.

3) 가 이번에 여름휴가는 어디로 가?
   나 휴가는 무슨? 너무 바빠서 휴가는커녕 매일 야근 중이야.

4) 가 뭐 안 좋은 일 있어요?
   나 제가 좀 전에 어떤 사람을 도와줬거든요. 근데 고맙다고 하기는커녕 화를 내잖아요. 남의 일에 끼어들지 말라면서요.

1 다음과 같이 이야기해 보십시오.

주식 투자	가 주식 투자는 잘하고 있어요?
저축도 못 하다	나 아니요. 주식 투자는커녕 저축도 못 하고 있어요.

---

① 직장	② 한국어 예습
아르바이트도 못 구하다	숙제도 안 하다

③ 친구가 사과를 하다	④ 신제품의 기능이 좋아지다
오히려 나한테 화를 내다	불편한 점이 많아지다

2 다음에 대해 이야기하십시오.

부정적인 측면	주식 투자	조기 외국어 교육

3

경기 회복에 대한 기대감이 커지면서 주가 상승세가 연일 이어지고 있습니다. 오늘의 주식 시장 자세히 알아보겠습니다.

🔍 **경제 현황**

호황/호경기	불황/불경기
경기가 좋다	경기가 나쁘다
경기가 회복되다	경기가 침체되다
상승세	하락세

🔍 경제 지표

금리	환율	유가	주가	물가
통화량	경제 성장률	실업률	국내 총생산(GDP)

치솟다	제자리걸음이다	곤두박질치다	바닥을 찍다

1) 가 달러에 투자를 좀 해 볼까 하는데요.
   나 원달러 환율이 오르고 있어서 수익률이 괜찮을 것 같아요.

2) 가 요즘 같은 불경기에는 어떻게 재테크를 해야 합니까?
   나 무리한 투자는 피하는 게 좋습니다. 이미 투자해 놓은 것이 있다면 손실을 줄일 수 있는 방법을 찾아야 하고요.

3) 가 김 기자, 최근 물가 상승률이 심각한 수준인데요.
   나 네. 국제 유가가 급격하게 인상된 데다가 명절도 앞두고 있어 소비자 물가는 더 치솟을 것으로 보입니다.

4) 가 인플레이션은 통화량이 증가하여 화폐의 가치가 하락하고 모든 상품의 물가가 꾸준히 오르는 경제 현상을 말합니다.

1 다음과 같이 이야기해 보십시오.

① 물가가 너무 올라서 돈 만 원 갖고는 점심 한 끼 먹기가 힘들어요.

② 요즘 시중에 돈이 넘쳐 나니 투자자를 모으기 쉬울 것 같아요.

③ 왜 이리 가게에 손님이 없죠? 이러다 여기 상가들 다 문 닫겠어요.

④ 자동차 수출이 증가하고 있어서 국내 총생산이 전년도보다 늘었다고 해요.

⑤ 회사 실적이 제자리걸음이라서 이번에도 신입 사원을 안 뽑는다네요.

호황	불황
	①

2 다음과 같이 이야기해 보십시오.

환율
환율이 올라서 유학생활이 힘들어졌다.

---

① 금리 _____ 대출을 받아 투자하는 사람들이 늘었다.

② 유가 _____ 자가 운전자들의 어려움이 커졌다.

③ 실업률 일자리가 늘고 있어 _____.

④ 주가 _____ 손실을 본 투자자들이 많다.

⑤ 경제 성장률 경기가 회복되고 있어 내년도 _____ 것으로 예상된다.

3 다음에 대해 이야기하십시오.

본인 생활에 영향을 주는 경제 지표

4 (034)

오늘 한국은행에서 금리 인상을 발표했는데요.

네. 금리가 또 오른다니 서민들의 대출 이자 부담이 더욱 커질 전망입니다.

근거를 가지고 이야기하기

• 보거나 들은 정보를 근거로 할 때는 다음 표현을 사용한다.

• -다던데: 제안이나 질문을 할 때 사용한다.

• -다니까: 객관적 결과나 현황을 설명할 때 사용한다.

• -다더니: 주관적인 느낌과 발견, 깨달음을 표현할 때 사용한다.

1) 가 부동산이 너무 올라서 내 집 마련을 할 수 있을지 모르겠어요.

    나 정부가 부동산 관련 세금을 올린다니까 요즘 집값이 좀 잡히고 있대요. 기회를 잘 찾아보세요.

2) 가 주가가 너무 내려서 주식을 매도해야 할 것 같아요.

    나 지금 팔면 손해가 클 텐데요. 내년에는 경기가 좋아진다던데 좀 더 기다려 보면 어때요?

3) 가 창업 박람회에 직장인들도 많이 온 것 같네요.

    나 투잡, 스리잡으로 부업을 하는 직장인들이 늘고 있다더니 정말 그런가 봐요.

1 다음과 같이 이야기해 보십시오.

수업료가 오릅니다.

| ✓ | 다던데 | 계속 다닐 거예요? |
| | 다니까 | |

가 수업료가 오른다던데 계속 다닐 거예요?

| | 다더니 | 그만두겠다는 수강생이 많아요. |
| ✓ | 다니까 | |

가 수업료가 오른다니까 그만두겠다는 수강생이 많아요.

금값이 많이 내려갔습니다.

① ☐ 다니까
  ☐ 다더니
  금반지 가격도 많이 내려갔어요.

② ☐ 다던데
  ☐ 다더니
  조금 기다렸다 금을 파는 게 어때요?

예금 금리가 오릅니다.

③ ☐ 다니까
  ☐ 다던데
  적금을 하나 더 들지 그래요?

④ ☐ 다던데
  ☐ 다더니
  적금에 가입하는 사람이 많아졌어요.

TOPIK 5급이면 장학금을 줍니다.

⑤ ☐ 다던데
  ☐ 다니까
  시험 신청자가 늘었어요.

⑥ ☐ 다던데
  ☐ 다더니
  학과 사무실에 한번 문의해 보세요.

2 다음에 대해 이야기하십시오.

전기 자동차 시장 전망 밝아

내년도 물가 오를 예정

20대 대상 재테크 강의 증가

이제 해 봐요

읽어요

1 다음은 전문 투자가의 블로그 글입니다. 잘 읽고 질문에 답하십시오.

왜, 어떻게 금에 투자해야 할까?

금은 오랜 기간 동안 대표적인 안전 자산으로 널리 인식되어 왔습니다. 그 이유는 금이 희소한 자원이고 변하지 않는 특성을 지니고 있어 가치를 보존하는 수단으로 각광받아 왔기 때문입니다. 특히 경제 불안정성이 커질 때 금은 더욱 주목받는 투자처로 떠오릅니다. 국가 간 전쟁, 대규모 은행 파산, 자연 재해 등 국내외적인 위기 상황에서 다른 투자 자산이 오르내리는 변화를 겪는 반면, 금값은 상승하는 경향을 보입니다.

또한 금은 달러와 밀접한 관계를 맺고 있습니다. 일반적으로 달러 가치가 하락하면 금 가격은 상승하며, 시중 금리가 낮아질 때에도 금값은 오르는 경향이 있습니다. 즉, 금융 시장에 불안감이 커지고 경기가 침체될 때, 안전 자산으로서 금에 대한 수요가 증가하며, 이로 인해 가격이 상승하는 구조입니다.

그렇다면 금 투자는 어떻게 하는 걸까요? 직접적인 방법은 금을 실물로 보유하는 것입니다. 은행에서 골드바를 구입할 수 있으며, 이를 통해 금을 손에 쥐는 심리적 만족감을 얻을 수 있습니다. 그러나 이 경우, 금을 살 때 10%의 부가세를 지불해야 하고 보관의 번거로움과 부담이 따릅니다. 보다 간편한 방법으로는 금 통장을 개설하는 것이 있습니다. 계좌에 돈을 입금하면 국제 금 시세와 환율에 따라 금의 무게가 통장에 기록됩니다. 또, 증권 회사를 통해 금 펀드에 가입하는 방법도 있습니다. 금 펀드는 여러 투자자들의 자금을 모아 금과 관련된 자산에 투자하는 방식으로 소액으로도 금에 투자할 수 있는 장점이 있습니다.

실제 투자를 할 때는 가격에 대한 전망과 함께 투자 상품에 대한 충분한 이해가 우선되어야 합니다. 금 투자에 대한 더 자세한 상담을 원하신다면 언제든지 문의해 주십시오.

#금투자 #금테크 #골드바 #금통장 #금펀드

♡ 공감 88 ⌄   💬 댓글 19 ⌄    인쇄

1) 금 가격이 상승하는 상황이 <u>아닌</u> 것을 고르십시오.

① 경기가 나쁠 때

② 금리가 올랐을 때

③ 달러의 가치가 떨어졌을 때

④ 국제적으로 전쟁이 일어났을 때

2) 금에 투자하는 각 방식의 장점과 단점을 더 찾아보고 이야기하십시오.

● 골드바

● 금 통장

● 금 펀드

1 다음은 조기 은퇴에 관한 인터뷰입니다. 잘 듣고 질문에 답하십시오. 🎧035

들어요

1) '파이어족'은 무엇을 말하는지 쓰십시오.

2) 들은 내용과 같으면 O, 다르면 X에 표시하십시오.

① 여자는 회사를 그만둔 후에 재테크 공부를 시작했다.　　　　　O　　X

② 여자가 수익을 크게 얻은 재테크 방법은 부동산 투자였다.　　O　　X

③ 여자는 현재 부동산과 예금에서 나오는 소득으로 생활한다.　O　　X

말해요

1 재테크 선호도에 대해 조사해 발표하십시오.

1) 다음은 한국 사람들의 재테크 선호도에 대한 조사 결과입니다. 두 개의 결과를 비교해 이야기하십시오.

(가) 20대 재테크 선호도
- 주식 38.4%
- 부동산 34.2%
- 가상 화폐 20.3%
- 미술품 2.0%

(나) 50~60대 재테크 선호도
- 예적금 27.0%
- 부동산 40.3%
- 주식 15.1%
- 펀드 4.6%
- 금 3.0%

2) 여러분 나라의 사람들은 어떤 재테크를 선호합니까? 자료를 조사해서 한국과 비교해 보십시오.

3) 위의 내용을 바탕으로 발표하십시오.

써요

1 경제 현황과 그에 따른 재테크에 관한 글을 쓰십시오.

1) 현재 한국 또는 자국의 경제 상황은 어떻습니까?

2) 현재 여러분에게 영향을 크게 미치는 경제 지표는 무엇입니까? 어떤 영향을 미칩니까?

3) 위와 같은 상황에서 여러분은 경제적으로 어떤 준비와 노력을 하고 있습니까? 재테크 현황이나 앞으로의 계획을 생각해 보십시오.

4) 정리한 내용을 바탕으로 글을 쓰십시오.

● 어떤 상황에서 다음의 표현을 사용하는지 이야기해 봅시다.

티끌 모아 태산	
밑져야 본전	
일확천금	
돈방석에 앉다	
돈이 돈을 벌다	
허리띠를 졸라매다	
꿩 먹고 알 먹기	
누워서 떡 먹기	
새 발의 피	
손을 벌리다	

4 심리와 정신 건강

여러분은 정신 건강의 중요성에 대해 알고 있습니까?

학습 목표

심리 상태와 정신 건강에 대해 이야기할 수 있다.

● 심리 상태, 정신 건강

● 얼마나 -는지, 원인과 결과 표현하기

배워요

1 (041)

이렇게 중요한 일을 왜 나하고 미리 의논하지 않았어?
정말 서운하다.

미안해. 나도 이렇게 결정될지 몰랐어.

 심리 상태

기쁨	놀람	슬픔	혐오	공포	분노
설레다	당황스럽다	서운하다	징그럽다	초조하다	답답하다
흐뭇하다	얼떨떨하다	서럽다	끔찍하다	두렵다	신경질이 나다
뿌듯하다	어이없다	괴롭다	소름이 끼치다	막막하다	억울하다
자랑스럽다	황당하다	우울하다	역겹다	섬뜩하다	원망스럽다
벅차다	충격적이다	허무하다	혐오스럽다	살벌하다	분하다
		비참하다			

난처하다	담담하다	따분하다	민망하다
얄밉다	찜찜하다	한심하다	후련하다

1) 가 이제 1분 지난 거야? 왜 이렇게 시간이 안 가지? 시험 시간이 다가오니까 너무 떨려.

   나 진정해. 네가 그러니까 나까지 더 초조해지잖아.

2) 가 악! 징그러워. 이 곰팡이 좀 봐.

   나 아이고, 빵에 곰팡이가 피었네. 냉장고에 넣어 놔도 상하는구나.

3) 가 이번 연휴에는 약속도 없고 특별히 할 일도 없어서 따분했어요.

   나 가끔은 그렇게 아무것도 안 하고 푹 쉬는 것도 필요해요.

4) 가 저는 오늘 졸업을 맞이한 여러분이 무척 자랑스럽습니다. 막막한 미래에 불안하기도 하겠지만 여러분의 앞날이 빛나기를 바랍니다.

1 다음과 같이 이야기해 보십시오.

| 미뤄 놓았던 집안일을 다 끝내다 | ☐ 담담하다 | ☑ 후련하다 |

---

① | 내 생일인데 아무도 축하 인사를 안 하다 | ☐ 두렵다 | ☐ 서운하다 |

② | 이가 아파서 아무것도 못 먹는데 동생이 내 앞에서 맛있는 것을 먹고 있다 | ☐ 민망하다 | ☐ 얄밉다 |

③ | 수업 시간에 친구가 말을 걸어서 대답을 했는데 나만 선생님께 혼나다 | ☐ 억울하다 | ☐ 흐뭇하다 |

④ | 공연 관람 중에 내 휴대폰이 울리다 | ☐ 당황스럽다 | ☐ 분하다 |

⑤ | 문단속을 잘하고 잤는데 일어나 보니 현관문이 살짝 열려 있다 | ☐ 섬뜩하다 | ☐ 역겹다 |

⑥ 3개월간 말하기 대회 준비를 했는데
갑자기 취소됐다   ☐ 찜찜하다   ☐ 허무하다

⑦ 세 명이 같이 사는데 룸메이트 두 명이
서로 사이가 안 좋다   ☐ 난처하다   ☐ 뿌듯하다

2 다음과 같이 이야기해 보십시오.

〈감정 일기 쓰는 방법〉
■ 하루 중 가장 크게 느낀 감
정을 메모합니다.
■ 관련한 일을 기록합니다.

〈감정 일기〉
3월 7일(화)
감   정: 황당하고 한심함
겪은 일: 운전면허 시험 세 번째 불합격

① 〈감정 일기〉
12월 5일(일)
감   정: _____
겪은 일: 1년 만에 귀국, 가족과
만남

② 〈감정 일기〉
11월 17일(수)
감   정: _____
겪은 일: 한밤중 골목길, 누군가
뒤따라옴

③ 〈감정 일기〉
5월 24일(목)
감   정: _____
겪은 일: 기대하던 콘서트, 이틀
전 갑자기 취소

④ 〈감정 일기〉
7월 29일(금)
감   정: _____
겪은 일: 아르바이트 중에 만난
예의 없는 손님

⑤ 〈감정 일기〉
2월 25일(목)
감   정: _____
겪은 일: 졸업생 대표로 상을
받음

⑥ 〈감정 일기〉
월   일( )
감   정: _____
겪은 일: _____
_____

아이를 처음 가졌을 때가 기억 나요?

그럼요. 오랫동안 기다리다가 생긴 거라서 처음 알았을 때 얼마나 기쁘고 행복했는지 몰라요.

얼마나 -는지

• 어떤 행동이나 상태가 매우 그러함을 나타낸다.

1) 가 인생에서 크게 실패한 경험이 있어요?
   나 대학 입시에 떨어졌었는데요. 그때 얼마나 괴로웠는지 한 일주일간은 방안에 틀어박혀 지냈어요.

2) 가 예전 직장에서는 얼마나 스트레스가 심했는지 머리카락이 다 빠질 정도였어요.
   나 정말요? 그것 때문에 더 힘들었겠네요.

3) 가 작가님께서는 일상의 모습을 사진으로 남기고 계신데요.
   나 무심코 지나치는 우리 주위의 모습이 얼마나 아름다운지를 보여 주고 싶었어요.

4) 가 교육 현장에도 변화가 많지요?
   나 요즘 젊은 학생들의 관심사나 표현이 예전과 많이 다르거든요. 그런데 얼마나 빨리 바뀌는지 따라가기가 힘들어요.

1 다음과 같이 이야기해 보십시오.

억울하다	가 내가 잘못한 게 아닌데 아무도 나를 믿어 주지 않아서 [얼마나 억울했는지] 몰라요.

① 기나긴 연습을 끝내고 무대에 처음 섰을 때, [   ] 모릅니다.

마음이 벅차다

② 돈이 없어서 공부를 못 하는 게 [   ] 겪어 봐서 잘 알아요.

서럽다

③ 오늘 [   ] 말 한마디도 못 하고 가만히 있었어요.

사무실의 분위기가 살벌하다

④ 혼자 살면서 집안일을 스스로 하다 보니 [   ] 깨닫게 되었어요.

어머니가 고생하시다

⑤ 자기소개서를 쓸 때에는 이 회사에 들어가기 위해서 [   ] 세세히 쓰는 게 중요해요.

그동안 노력하다

2 다음과 같이 이야기해 보십시오.

| 취업, 성공 | 가 취업에 성공했다면서요? 축하해요. |
| | 나 고마워요. 합격 문자를 받고 얼마나 기쁜지 나도 모르게 길에서 소리를 질렀다니까요. |

---

① 대회, 우승   ② 친구, 큰 병

③ 길, 넘어지다   ④ 가위, 눌리다

눈물이 나다   고개를 들 수가 없다   한동안 아무 말도 할 수 없다

~~나도 모르게 길에서 소리를 지르다~~   몸을 움직일 수가 없다

3 다음에 대해 이야기하십시오.

> 가장 기억에
> 남는 일

> 그때의 감정

 3 (043)

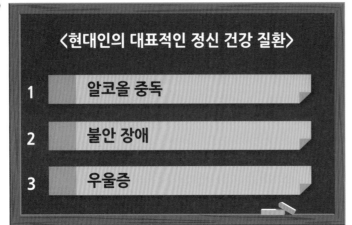

〈현대인의 대표적인 정신 건강 질환〉

1 알코올 중독

2 불안 장애

3 우울증

현대인의 대표적인 정신 건강 질환을 살펴보고 있습니다. 첫 번째는 알코올 중독이었고요. 다음으로 불안 장애 그리고 세 번째가 우울증으로 나타났네요.

🔍 정신 건강

⚡ 정신 건강

- 결벽증
- 의처증
  의부증
- 고소 공포증
- 건강 염려증
- 마약 중독

우울증

강박증

불안 장애

공황 장애

대인 공포증

분노 조절 장애

외상 후 스트레스

트라우마

진단	자가 진단을 하다		치료	상담을 받다
	심리 검사를 받다			약물 치료를 받다
				생활 환경을 개선하다

1) 가 너도 트라우마가 있어?

   나 응. 어렸을 때 개한테 물린 적이 있는데 그 후로는 작은 강아지만 봐도 무섭더라고.

2) 가 한때 우울증을 겪다가 빠르게 회복하셨는데 비결이 있을까요?

   나 이상을 느낀 초기에 곧바로 전문가 상담을 받은 것이 효과가 있었고 약물 치료도 꾸준히 받았습니다.

3) 가 선생님, 요즘 들어 갑자기 숨이 막히고 죽을 것 같은 느낌이 들어요.

   나 공황 장애가 의심되는데요. 우선 정확한 심리 검사를 받아 보시는 게 좋겠습니다.

1 다음과 같이 이야기해 보십시오.

하루 종일 우울하고 의욕이 없어요.

가 하루 종일 우울하고 의욕이 없다고요? 제가 볼 때는 우울증 같네요.

---

① 교통사고를 겪은 후 길을 건너기가 무서워요.

② 사람들이 나를 쳐다보면 피하고 싶어요.

③ 손에서 계속 냄새가 나는 것 같아서 자주 씻게 돼요.

④ 작은 일에도 화가 나고 참을 수가 없어요.

2 다음에 대해 이야기하십시오.

정신 건강 상황　　자신　　주변인

제가 요즘 사소한 일에도 걱정이 많아지고 초조함을 자주 느껴요.

그런 감정은 스트레스에서 비롯되는데요. 마음을 편안하게 가져 보세요.

원인과 결과
표현하기

· 어떤 결과의 원인을
나타낼 때에는 다음
표현을 사용한다.

· A는 B에서 기인
하다/비롯되다.

· A는 B가 그 원인이다.

1) 가 우울증은 가까운 사람의 죽음 같이 충격적인 사건이 원인이지?
　　나 그렇기도 하고 호르몬 이상에서 비롯되기도 하고.

2) 가 저는 제가 잘 모르는 이야기가 나오면 대화에 끼기가 힘들어요.
　　나 완벽주의적 성향이 원인일 수 있어요. 실수하기 싫어서 아예 말을 안
　　　하는 거죠.

3) 가 교수님, 요즘 사람들의 스트레스 원인은 어디에 있을까요?
　　나 현대인의 스트레스는 치열한 경쟁에서 기인한 것이라고 할 수 있습니
　　　다. 사람은 많고 자원은 부족하니까요.

1 다음과 같이 이야기해 보십시오.

혐오	가 혐오의 감정은 상대방과의 차이를 받아들이지 못하는 데에서 기인하는 것 같다.
상대방과의 차이를 받아들이지 못하다	가 혐오의 감정은 상대방과의 차이를 받아들이지 못하는 것이 그 원인인 것 같다.

① 공포	② 기쁨	③ 슬픔
알지 못하는 것에 대해 두려워하다	원하던 것을 얻다	소중했던 뭔가를 상실하다

2 다음과 같이 이야기해 보십시오.

가 낮은 출생률은 무엇보다 경제적 부담이 그 원인입니다.

- -

가 낮은 출생률은 경제적 부담에서 비롯되었다고 봅니다.

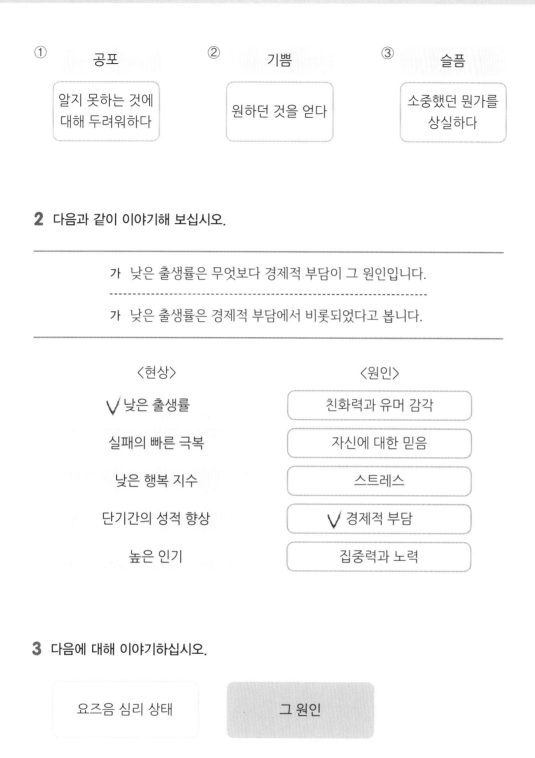

〈현상〉	〈원인〉
∨ 낮은 출생률	친화력과 유머 감각
실패의 빠른 극복	자신에 대한 믿음
낮은 행복 지수	스트레스
단기간의 성적 향상	∨ 경제적 부담
높은 인기	집중력과 노력

3 다음에 대해 이야기하십시오.

요즈음 심리 상태	그 원인

이제 해 봐요

읽어요

1 다음은 심리 상태를 확인하는 테스트입니다. 잘 읽고 질문에 답하십시오.

예민함 자가 진단 테스트

	항목	그렇다	아니다
1	밤에 무서워서 영상, 음악을 틀거나 불을 켜고 잔다.		
2	다른 사람에게 싫은 소리를 못 한다.		
3	중요한 일을 앞두고 두근거림, 소화 불량, 설사 증상이 나타난다.		
4	층간 소음에 민감하다.		
5	사람들과 눈을 맞추는 것이 부담스럽다.		
6	가족이 늦게 들어오면 사고가 난 것 같아 불안하다.		
7	감정 기복이 심한 편이다.		
8	걱정이 꼬리에 꼬리를 물고 계속된다.		
9	드라마나 영화 속의 끔찍한 장면을 보지 못한다.		
10	항상 긴장 속에 사는 것 같다.		
11	내 감정을 잘 드러내지 않는다.		
12	문단속, 가스불 등을 여러 번 확인한다.		
13	많은 사람들 앞에 서야 하는 상황을 가급적 피한다.		
14	주변 사람들이 한 사소한 말에 쉽게 화가 난다.		
15	가까운 사람(배우자, 친구 등)이 나를 배신할 것 같은 생각이 든다.		
16	다른 사람에게 폐를 끼치는 것은 아닌가 하는 걱정을 많이 한다.		
17	시험이나 발표에서 평소보다 실수를 더 많이 한다.		
18	먼 미래의 일까지 미리 걱정한다.		

1) 자가 진단 테스트를 읽고 스스로 체크하십시오.

2) '그렇다'가 총 몇 개인지 숫자를 세어 보고 친구와 비교하십시오.

3) 아래의 테스트 결과를 읽으십시오.

예민함 자가 진단 테스트 결과

✓ '그렇다'가 많을수록 예민한 사람입니다.

→ 예민한 사람은

외부 자극의 미묘한 차이를 잘 느끼고 자극적인 환경에 쉽게 영향을 받는 사람입니다. 작은 소리나 주변 분위기, 상대방의 표정이나 말투, 몸짓 등 비언어적 표현도 민감하게 잘 느끼죠.

→ 예민한 사람은

감정 기복이 심하고 쉽게 짜증을 내기도 하지만, 이와 반대로 무덤덤하고 감정의 변화를 보이지 않는 사람도 있습니다. 직접적이고 즉각적인 감정 표현이 오히려 자신에게 불리할 수도 있어 스스로를 보호하기 위해 감정을 감추는 것이죠.

→ 예민도를 낮추고 편암함을 유지할 수 있도록

안전 기지를 마련해 두는 것이 좋습니다. 안전 기지는 믿을 수 있고 함께 있으면 마음이 편해지는 대상으로 친구나 가족, 반려동물, 취미 활동 등이 해당됩니다.

4) 다음 단어의 의미를 다시 확인하십시오.

감정 기복	끔찍하다	무덤덤하다	민감하다
안전 기지	층간 소음	폐를 끼치다	

들어요

1 다음은 정신 건강에 관한 방송입니다. 잘 듣고 질문에 답하십시오.

1) 남자가 제안한 감정 해소 방법이 무엇인지 쓰십시오.

2) 도파민 과다 분비가 가져올 수 있는 부작용이 <u>아닌</u> 것을 고르십시오.

① 강박적 행동이나 완벽주의로 이어질 가능성

② 반복적인 실패로 인해 좌절감이나 무기력함을 느끼는 현상

③ 감정의 과잉으로 인해 새로운 목표를 설정하지 못하는 상황

④ 성과를 더 많이 내기 위해 스스로를 과도하게 몰아붙이는 경향

말해요

1 중독에 대해 이야기하십시오.

1) 다음에 대해 생각해 보십시오.

● 무언가에 중독된 적이 있습니까?

● 그것은 무엇이며, 어느 정도 빠져 있었습니까?

● 빠져 나오기 위해 어떤 노력을 했습니까?

● 사회적으로 문제가 되는 중독 현상이 있습니까?

● 어떤 피해를 줍니까?

● 중독을 막기 위한 사회적 제도를 알고 있습니까?

● 긍정적인 중독도 있다고 생각합니까?

2) 생각한 내용을 바탕으로 소그룹으로 이야기하십시오.

1 감정 일기를 쓰십시오.

써요

1) 감정적으로 특별하게 느낀 날 또는 사건을 떠올려 보십시오.

- 어떤 날, 어떤 사건이었는지

- 어떤 감정이 들었는지, 그때의 심리 상태는 어떠했고 나의 신체 반응은 어떠했는지

2) 위의 내용을 바탕으로 감정 일기를 쓰십시오.

- 어떤 상황에서 다음의 표현을 사용하는지 이야기해 봅시다.

눈이 동그래지다	
눈앞이 캄캄하다	
눈물이 앞을 가리다	
가슴이 무너져 내리다	
어깨가 처지다	
어깨를 펴다	
얼굴이 두껍다	
코가 납작해지다	

자기 평가

이번 과 공부는 어땠어요? 별점을 매겨 보세요!

심리 상태와 정신 건강에 대해 이야기할 수 있습니까?

5 음식 문화와 역사

여러분이 생각하는 한식의 특징은 무엇입니까?

학습 목표

음식 문화와 역사에 대해 설명할 수 있다.

● 재료 손질 및 조리법, 먹는 방법, 음식 문화의 역사

● –은 채, –자

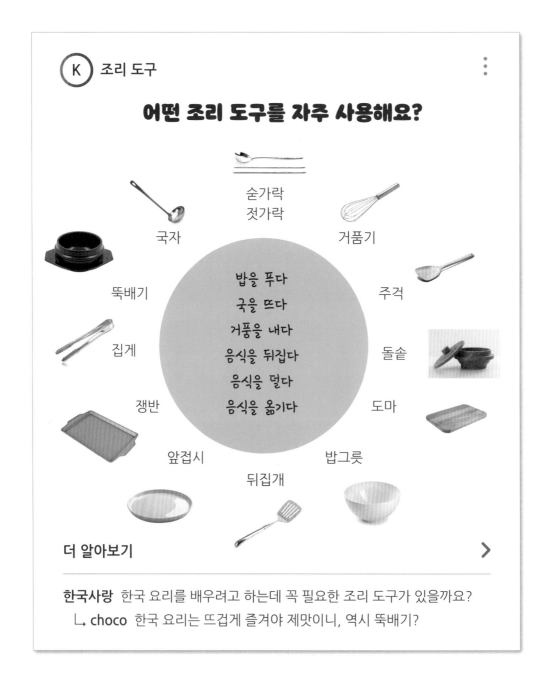

K 조리 도구

어떤 조리 도구를 자주 사용해요?

숟가락
젓가락

국자

거품기

뚝배기

주걱

밥을 푸다
국을 뜨다
거품을 내다
음식을 뒤집다
음식을 덜다
음식을 옮기다

집게

돌솥

쟁반

도마

앞접시

밥그릇

뒤집개

더 알아보기 〉

한국사랑 한국 요리를 배우려고 하는데 꼭 필요한 조리 도구가 있을까요?
  ㄴ choco 한국 요리는 뜨겁게 즐겨야 제맛이니, 역시 뚝배기?

배워요

1 051

한국 음식은 어떤 조리법을 주로 사용해요?

전통적으로는 삶거나 찌는 음식이 많았는데요.
요즘엔 볶는 음식이 많은 것 같아요.

🔍 재료 손질 방법

다듬다

벗기다, 까다

깎다

자르다, 썰다

다지다

갈다

풀다

섞다

뿌리다

절이다

재우다

말리다

🔍 조리법

무치다	데치다	찌다
삶다	조리다	굽다
부치다	볶다	튀기다

🔍 먹는 방법

말아 먹다	비벼 먹다	싸 먹다
적셔 먹다	부어 먹다	찍어 먹다
발라 먹다	뿌려 먹다	곁들여 먹다

1) 가 이것도 한번 드셔 보세요. 이건 굴비라는 건데요. 생선을 손질해서 소
     금물에 두세 시간 절였다가 그늘에서 며칠을 말린 거예요.
   나 고소하고 맛있네요.

2) 가 잡채는 뭘 넣어야 맛있어?

   나 재료보다 만드는 방법이 더 중요해. 고기는 미리 양념에 재워 놓았다가 볶아야 되고 다른 재료도 다 따로따로 볶은 후에 섞어야 맛있어.

3) 가 마늘을 다지라고 했더니 갈아 버렸네. 이러면 식감도 떨어지고 음식에 물이 많이 생기는데.

   나 그래? 나는 다지는 거랑 가는 거랑 비슷한 줄 알았어.

4) 가 들기름을 선물 받았는데 어떻게 써야 할지 모르겠어요.

   나 나물을 무치거나 볶을 때 넣어 보세요. 색다른 맛을 느낄 수 있을 거예요.

1 다음과 같이 이야기해 보십시오.

계란찜

가 먼저 계란을 잘 풀어 놓습니다.
끓는 물에 풀어 놓은 계란을 넣고 끓이면 됩니다.

①

시금치나물

②

카레

③

파스타

④

청경채 볶음

⑤

해물 파전

⑥

샐러드

2 다음에 대해 이야기하십시오.

① 오래 끓인 음식

② 소금이나 식초에 절인 음식

③ 살짝 데치거나 찐 음식

④ 소스를 찍거나 발라 먹는 음식

3 다음에 대해 이야기하십시오.

최근에 먹은 음식

조리 방법

먹는 방법

2 🔊052

선생님, 이제 설탕을 붓고 섞으면 되나요?

설탕을 부은 채로 섞지 말고 뚜껑을 닫아야 돼요.

🔍 **-은 채**

• 동작이 완료된
  상태가 지속됨을
  나타낸다.

⚡ 냄새

• 비린내
• 누린내
• 단내

1) 가 이거 왜 이렇게 짜?
   나 소금에 절여 둔 채 잠들었거든. 여러 번 씻었는데도 많이 짜?

2) 가 콩나물에서 비린내가 나는 것 같아.
   나 콩나물은 뚜껑을 닫은 채 데쳐야 된대.

3) 가 가스불을 켜 놓은 채 어디 갔다 온 거야? 하마터면 불날 뻔했어.
   나 간장이 떨어져서 사 오느라고. 불 끄는 걸 깜빡했네.

4) 가 요 며칠 너무 피곤해서 씻지도 않은 채 잤더니 피부가 엉망이네.
   나 설마 며칠 안 씻었다고 그렇게 됐을까?

1 다음과 같이 이야기해 보십시오.

냉장실에 넣어 놓다

며칠이 지나다

가 이거 왜 이래요?

나 냉장실에 넣어 놓은 채 며칠이 지났거든요.

① 껍질을 덜 벗기다

다지다

② 뚜껑을 열다

그대로 두다

③ 씨를 안 빼다

볶다

④ 계란을 잘 풀지 않다

끓이다

2 다음과 같이 이야기해 보십시오.

신발을 신다   신발을 벗다   ⇨   방에 들어가다

가 신발을 신은 채 방에 들어갔어요.

① 안경을 쓰다   안경을 벗다   ⇨   세수를 하다

② 창문을 열어 놓다   창문을 닫다   ⇨   외출을 하다

③ 의자에 앉다   침대로 가서 눕다   ⇨   잠이 들다

④ 오해가 쌓이다   오해를 풀다   ⇨   헤어지다

3 다음에 대해 이야기하십시오.

최근에 한 실수

3

한식의 변화

- 다양한 식재료의 유입
- 일품요리의 등장

밥 중심의 상차림 ⇨ 요리 중심의 상차림

한식은 다양한 식재료의 유입 및 일품요리의 등장으로 인해 밥 중심의 상차림이 요리 중심의 상차림으로 변화하게 됩니다.

🔍 음식 문화의 역사

⚡ **발효 식품**

- 김치
- 간장
- 된장
- 치즈
- 요구르트
- 피클

전통 한식의 특징

밥이 중심이다	밥, 국, 반찬이 필수이다
모든 음식을 한 상에 차리다	찌거나 삶은 음식이 많다
발효 식품이 발달하다	지역 음식이 발달하다
저장 방법이 다양하다	보양식이 다양하다

한식의 변화

밥의 양이 줄다	국이 필수가 아니다
일품요리가 늘다	반찬의 가짓수가 줄다
매운맛이 강해지다	퓨전 음식이 많아지다

최근의 음식 문화

| 간편식을 선호하다 | 외식이 증가하다 |

1) 가 전통 한식의 특징으로 모든 음식을 한 상에 차려 놓고 먹는다는 점을 들 수 있습니다. 그래서 같은 상에서 밥을 먹어도 무엇을 어떤 순서로 어떻게 먹는지는 먹는 사람의 기호에 따라 다를 수 있습니다.

2) 가 다큐멘터리를 봤는데 한식을 먹어 본 외국인들 대부분이 한식의 대표적인 맛으로 매운맛을 꼽았대.

   나 그래? 나는 된장이나 간장 때문인지 한식 하면 깊은 맛이 떠오르는데.

3) 가 1인 가구의 외식비 비중이 전체 식비의 70%를 넘는다고 합니다. 집밥을 먹는 경우도 신선 식품을 조리해서 먹기보다는 가공식품이나 냉동 식품 등의 간편식을 더 선호하는 것으로 조사되었습니다.

4) 가 한 나라의 음식 문화는 과거로부터 전해져 온 방식에 다른 문화의 영향이 더해져 형성됩니다. 최근 퓨전 음식이 많아진 것도 이런 이유이지요.

1 다음과 같이 이야기해 보십시오.

전주에 가면 비빔밥은 꼭 먹고 와야지.   지 역 음 식

---

① 반찬이 다 떨어졌어. 오늘은 김치볶음밥이나 해 먹자.   ☐☐☐☐

② 날이 너무 더워서 기운이 없네. 저녁에 삼계 탕이라도 먹을까 봐.   ☐☐☐

③ 새로운 요리법이 계속 나오더니 김치 피자도 있다더라. 어떤 맛일까 궁금해.   ☐☐☐☐

④ 된장이나 치즈, 이런 음식들은 맛과 향이 독특해서 안 좋아하는 사람도 많은데, 건강에는 아주 좋대.   ☐☐☐☐

2 다음과 같이 이야기해 보십시오.

밥이 중심이다	✓	가 우리 나라는 밥이 중심입니다.
	✗	가 우리 나라는 빵 중심의 식문화를 가지고 있습니다.

① 매운맛이 강하다 ☐ ☐

② 반찬의 가짓수가 많다 ☐ ☐

③ 보양식이 다양하다 ☐ ☐

④ 모든 음식을 한 상에 차리다 ☐ ☐

3 다음에 대해 이야기하십시오.

한국의 지역 음식	자신의 최근 식생활

4  054

고추는 조선 시대에 한반도에 전래되었다고 알려져 있는데요.
고추가 전래되자 한국 음식은 큰 변화를 맞게 됩니다.

1) 가 교수님께서는 언제 한식이 가장 크게 달라졌다고 생각하십니까?
   나 저는 20세기 초라고 생각합니다. 외국에서 다양한 식재료와 조리법이
      유입되자 한식은 전과는 비교할 수 없을 만큼 다채로워지거든요.

2) 국에 식초를 넣자 이국적인 맛이 났다.

3) 기온이 영하로 떨어지자 길거리의 사람들이 확연히 줄어들었다.

4) 수익률이 떨어지자 그는 불안한 마음에 주식을 매도해 버렸다.

-자
• 앞의 일이 뒤의 일의 원인이나 계기임을 나타낸다.
• 격식적인 발화나 문어에서 주로 사용한다.

1 다음과 같이 이야기해 보십시오.

가 채소를 구하기 어렵게 되자 장기 보관할 방법을 찾게 되었습니다.

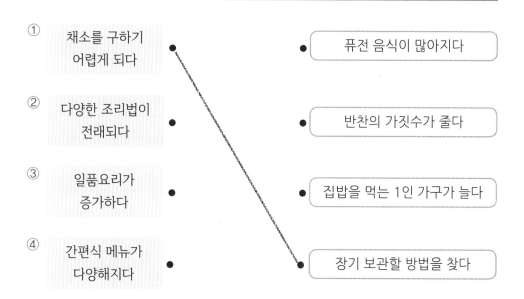

① 채소를 구하기 어렵게 되다   퓨전 음식이 많아지다

② 다양한 조리법이 전래되다   반찬의 가짓수가 줄다

③ 일품요리가 증가하다   집밥을 먹는 1인 가구가 늘다

④ 간편식 메뉴가 다양해지다   장기 보관할 방법을 찾다

2 다음에 대해 이야기하십시오.

| 간편식을 선호하게 된 배경 | 카페가 증가한 배경 |

이제 해 봐요

1 다음은 고추의 유입에 관한 글입니다. 잘 읽고 질문에 답하십시오.

아메리카 대륙이 원산지인 고추가 어디를 거쳐서 한반도에 전래되었는지에 대해서는 여러 이견이 있다. 그러나 고추가 매우 빠른 속도로 확산되어 전래된 지 얼마 지나지 않은 18세기경에는 한반도 전역에서 널리 사용되었다는 데에는 별다른 이견이 없다. 비슷한 시기에 한국, 중국, 일본에 전해진 고추가 유독 한국인의 입맛을 사로잡아 식탁을 빠르게 점령할 수 있었던 이유는 무엇일까?

고추를 사용하면 소금의 양을 줄일 수 있다는 주장은 고추의 확산을 설명하는 데 실마리를 제공한다. 조선 중기에 이르러 소금의 수요가 급증하게 된다. 양반들이나 지내던 제사가 평민에게도 일반화되자 제사상에 올릴 생선을 절이기 위한 소금의 수요가 증가했기 때문이다. 또 그 무렵 곡물 특히 쌀의 생산이 증가하자 한 끼에 먹는 밥의 양이 늘었고 이에 따라 같이 먹는 국이나 반찬의 간을 맞추기 위한 소금의 수요 또한 늘었기 때문이다. 소금의 수요는 이렇게 비약적으로 증가하였으나 소금의 생산량은 이를 따라가지 못했다. 이것이 고추가 전국으로 확산되어 널리 사용되는 결정적인 이유가 되었다는 것이다.

그러나 소금 대신에 고추를 사용할 수 있었기 때문에 고추가 빠르게 확산되었다는 주장이 맞으려면 고추가 소금의 기능을 대신할 수 있어야 한다. 고추가 소금을 줄였을 때 부족해지는 맛을 매운맛으로 채워 주었을 것이라는 주장이 설득력을 가지는 이유다. 이와 함께 고추는 김치가 발효되는 과정에서 부패를 막는 소금의 기능까지 대체할 수 있었다. 그래서 고추가 소금을 대신할 재료로 빠르게 자리 잡을 수 있었던 것이다. 김치에 고추를 넣으면 소금을 덜 넣어도 맛이 부족해지기는커녕 매운맛이라는 새로운 맛이 더해질 뿐만 아니라 더불어 장기간 보존까지 할 수 있게 된 것이다.

'밥'과 '짠 반찬' 그리고 '매운맛'이라는 한국식 식단은 조선 말기인 18세기에 이르러 이렇게 형성된 것이다.

1) 읽은 내용과 같으면 ○, 다르면 ×에 표시하십시오.

① 고추는 중국, 일본을 통해 한반도로 전래되었다.   ○   ×

② 18세기경 한반도에서는 고추가 널리 사용되었다.   ○   ×

③ 고추를 음식에 넣으면 오랫동안 보존할 수 있다.   ○   ×

2) 고추가 한반도 전역으로 확산되는 배경에 해당하지 <u>않는</u> 것을 고르십시오.

① 곡물 생산량의 변화

② 소금 생산량의 변화

③ 한 끼에 먹는 쌀밥 양의 변화

④ 제사를 지내는 가구 수의 변화

1 다음은 한국 음식에 관한 다큐멘터리입니다. 잘 듣고 질문에 답하십시오.

들어요

1) 들은 내용과 같으면 ○, 다르면 ×에 표시하십시오.

① 『음식디미방』은 한글로 집필된 최초의 요리책이다.　　　　○　　X

② 오늘날의 잡채는 여러 나라의 음식 문화가 어우러진 합작품이다.　○　　X

2) 조선 시대 잡채에 대한 설명과 <u>다른</u> 것을 고르십시오.

① 된장으로 간을 맞추었다.

② 밀가루가 양념으로 들어간다.

③ 주재료는 중국에서 전래된 당면이다.

④ 꿩고기를 삶은 물로 양념장을 만들었다.

1 대표적인 음식 또는 음식 문화의 역사를 설명하는 글을 쓰십시오.

써요

1) 무엇에 대해 쓸지 생각해 보십시오.

음식	☐ 국수나 만두
	☐ 카레
	☐ 커피
	☐

음식 문화	☐ 상차림, 먹는 순서
	☐ 조리 도구
	☐

2) 위의 소재에 대해 자료를 찾아 정리해 보십시오.

● 역사, 전파 경로

● 현재의 모습

● 기타

3) 정리한 내용을 바탕으로 음식 또는 음식 문화의 역사를 설명하는 글을 쓰십시오.

1 여러분 나라의 대표적인 음식 또는 음식 문화의 역사에 대해 발표하십시오.

말해요

1) 어떤 내용으로 발표할지 메모하십시오.

중심 내용 1

중심 내용 2

2) 설명에 도움이 될 만한 사진이나 영상 자료를 찾아보십시오.

3) 도입과 마무리를 어떻게 할지 생각해 보십시오.

4) 준비한 내용을 바탕으로 발표를 하십시오.

● 어떤 상황에서 다음의 표현을 사용하는지 이야기해 봅시다.

밥 먹듯 하다	
밥값을 하다	
밥줄을 끊다	
눈칫밥을 먹다	
한솥밥을 먹다	
김칫국을 마시다	
죽도 밥도 안 되다	
죽을 쑤다	

자기 평가

이번 과 공부는 어땠어요? 별점을 매겨 보세요!

음식 문화와 역사에 대해 설명할 수 있습니까?	☆ ☆ ☆ ☆ ☆

정답

1과 일과 삶의 균형

읽어요

1) ㉠ 자제   ㉡ 진행   ㉢ 공유
2) ① ⑥   ② ⑧   ③ ③

들어요

1) 적극적이고 능동적인 여가 활동
2) ①

2과 우리 시대의 교육

읽어요

1) 나열, 대조, 요약
2) ①

들어요

1) ①
2) ④

3과 재테크와 경제 현황

읽어요

1) ②
2) • 골드바   심리적 만족감

　　　　　　부가세 지불, 보관의 번거로움

　　• 금 통장   보관 부담 없음, 소액 투자 가능

　　　　　　심리적 만족감 부족

• 금 펀드   소액 투자, 분산 투자 가능

　　　　　수수료 발생

들어요

1) 40대 이전에 경제적 자립을 이루고 조기 은퇴를 목
표로 하는 사람들
2) ① ✕   ② ✕   ③ ○

4과 심리와 정신 건강

들어요

1) 감정 일기 쓰기
2) ③

5과 음식 문화와 역사

읽어요

1) ① ✕   ② ○   ③ ○
2) ②

들어요

1) ① ○   ② ○
2) ③

듣기 지문

1과 일과 삶의 균형

011 배워요 1

여 여유 시간이 생기면 보통 어떻게 보내세요?

남 골프를 자주 쳐요. 시간이 많으면 캠핑도 가고요.

여 활기차게 보내시네요.

남 네. 몸을 움직여야 피로도 풀리고 에너지도 충전되더라고요.

012 배워요 2

남 너무 힘들면 쉬어 가면서 해.

여 잠깐 쉰다고 뭐가 달라지겠어? 그냥 빨리 해 버리는 게 나아.

013 배워요 3

여 워크–라이프–밸런스라는 용어는 1970년대 영국에서 처음 사용되었습니다. 한국에서는 2010년대부터 저녁이 있는 삶이란 슬로건을 통해서 그 개념이 서서히 알려졌죠. 그러다가 워크 라이프 밸런스를 줄여 워라밸로 부르게 되었습니다.

014 배워요 4

여 회사를 옮기셨다고요?

남 네. 주말도 못 쉬고 바쁘게 사니 적게 벌더라도 휴가가 보장된 직장이 좋겠더라고요.

015 이제 해 봐요

여 요즘 젊은 세대들은 직장을 선택할 때 연봉보다 워라밸을 중요시한다고 합니다. 워라밸, 일과 삶의 균형이라고 보통 말하지만 정확한 표현으로는 일과 휴식의 균형, 일과 여가의 균형이 맞을 것 같습니다. 그래서 오늘은 우리 삶의 워라밸을 위해 진정한 휴식은 무엇이고 어떻게 여가를 보내야 하는지에 대해 생각해 보려고 합니다. 업무가 끝나면 바로 칼퇴근을 하고 주말에도 다른 외부 활동 없이 집에서 시간을 보내는데도 뭔가 개운하지 않고 축축 처진다는 분 많이 계시죠? 업무로 인한 피로는 쉰다고 해서, 단순히 쉬는 시간을 늘린다고 해서 해결되는 게 아닙니다. 삶의 활기를 불러일으키고 재충전이 일어나는 그런 휴식이 필요하죠. 온전한 휴식, 다른 말로 '오티움'을 찾아야 하는데요. 오티움이라는 말을 들어 보셨을까요? 오티움은 적극적이고 능동적인 여가 활동이라는 뜻의 라틴어입니다. 어떤 책임이나 의무 때문도 아니고, 어떤 보상을 바라는 것도 아닌 그 활동을 하는 자체에서 기쁨을 느끼는 활동을 말합니다. 그 활동을 하면서 쉼도 얻고 채움도 얻는 거죠. 여러분이 지금 하고 있는 취미, 여가 활동이 오티움인지를 확인하고 싶다면 다음의 기준을 생각해 보시면 됩니다. 첫째, 오티움은 그것을 하는 과정 자체에서 기쁨을 느낍니다. 둘째, 어쩌다 한번 하는 것이 아닌 일상적으로 지속하는 여가 활동이고요. 셋째, 동적이든 정적이든 시간을 내어 스스로 능동적으로 참여하는 활동입니다. 넷째, 그 활동을 하며 점점 더 실력이 늘고 깊이가 생기는 활동이어야 합니다. 마지막으로 여가 활동에 빠져 일이나 주변 관계에 소홀해져서는 안 되겠죠? 그 활동을 통해 일과 관계에 긍정적인 변화를 이끄는 게 오티움입니다.

2과 우리 시대의 교육

021 배워요 1

남 학창 시절을 어떻게 보냈어요?

여 제가 다녔던 학교는 입시를 중요시하는 사립 고등학

교였거든요. 시험 때마다 경쟁이 치열해서 좀 힘들었어요.

(022) 배워요 2

남 저희 학교는 교과목 위주의 교육에서 벗어나 올바른 인간으로 자랄 수 있도록 인성 교육을 충분히 하고 있습니다.

(023) 배워요 3

여1 교수님, 사고력을 키우는 데에 가장 도움이 되는 방법은 무엇입니까?

여2 어떤 주제에 대해 토론을 해 보는 것이지요.

(024) 배워요 4

남 평생 교육이란 유아에서 시작하여 노년에 이르기까지 평생에 걸쳐 이루어지는 교육을 말합니다. 학교의 정규 교육 과정을 비롯하여 가정과 사회에서의 교육을 통해 개인의 사회화를 이룬다는 개념입니다.

(025) 배워요 5

여 학습자의 요구가 다양해지면서 교육 방식도 점차 개인화되고 맞춤형 학습으로 변화하게 되었습니다.

(026) 이제 해 봐요

여 한국의 대학 교육을 말한다. 오늘은 한국대학교 김진수 총장님을 모시고 대학에서의 창의 융합 교육에 대해 이야기를 나누어 보겠습니다. 총장님, 한국대학교는 꽤 오래전부터 융합 전공 과정을 운영하고 있었다고 들었습니다.

남 네, 과거 저희 학교는 연계 전공이라는 방식으로 학문 간 연계를 시도했습니다. 하지만 이는 두 전공을 따로 수강하는 형태로 진행되다 보니, 학생이 배운 두 전공의 지식을 실제로 통합해 활용할 기회가 부족했습니다. 이를 해결하기 위해 학과 간 장벽을 허물고 융합 전공 과정을 도입했습니다. 현재는 인문학과 공학의 융합, 언어학과 경제학의 융합 등 약 30개의 융합 전공을 운영 중입니다. 나아가 학생이 직접 교육 과정을 설계할 수 있는 학생 설계 전공 과정도 마련했습니다. 이 과정은 학생들이 다양한 분야를 탐구하며 학문적 호기심을 충족하고, 이를 통해 진로를 개척할 수 있도록 돕고 있습니다. 또한, 음악 전공이 없는 점을 보

완하기 위해 디지털 예술 플랫폼 회사와 협력해 관련 학습 기회를 제공하고 있으며, 이를 활용해 예술과 결합된 전공을 설계하려는 학생들도 점차 늘어나고 있습니다. 현재 약 40%의 학생이 이러한 융합 전공을 이수하고 있으며 앞으로도 학과 간 협력을 확대할 계획입니다.

여 최근에는 진정한 융합 교육을 위해 무전공 입학제를 시행하자는 목소리도 커지고 있습니다. 정부 역시 대학의 학과 체계 규제를 완화하면서 이런 주장에 힘을 싣고 있는데요. 총장님께서는 어떻게 생각하십니까?

남 변화하는 사회에 맞춰 기존의 전공 중심 교육에서 벗어나야 한다는 점에는 동의합니다. 그러나 무전공 입학제는 학생이 전공을 선택하지 않고 입학하여 2학년 때 전공을 결정하게 되는데, 이 과정에서 오히려 인기 학과로의 쏠림 현상이 더욱 심화될 수 있습니다. 그 결과 기초 학문은 소외될 위험이 커지고 진정한 창의 융합 교육으로 이어지기 어려울 것이라고 생각합니다.

3과 재테크와 경제 현황

(031) 배워요 1

여 대리님은 재테크를 어떻게 하고 있어요?

남 매달 적금을 붓고 있어요. 목돈이 생기면 주식에도 좀 투자하고요.

(032) 배워요 2

여1 부동산 투자가 수익률이 높은가 보죠?

여2 꼭 그렇지도 않아요. 제가 아는 사람은 투자를 잘못해서 수익은커녕 손실을 많이 봤다고 하더라고요.

(033) 배워요 3

여 경기 회복에 대한 기대감이 커지면서 주가 상승세가 연일 이어지고 있습니다. 오늘의 주식 시장 자세히 알아보겠습니다.

(034) 배워요 4

여 오늘 한국은행에서 금리 인상을 발표했는데요.

남 네. 금리가 또 오른다니 서민들의 대출 이자 부담이 더욱 커질 전망입니다.

035 이제 해 봐요

남 요즘 파이어족이라는 단어가 자주 들리는데요. 이는 40대 이전에 경제적 자립을 이루고 조기 은퇴를 목표로 하는 사람들을 뜻합니다. 많은 분들이 경제적 자유를 꿈꾸며 재테크에 도전하고 있는데요, 오늘은 그 꿈을 이루신 특별한 분을 모셨습니다. 서른 일곱의 나이에 직장을 조기 은퇴하신 분입니다. 나와 주셔서 감사합니다. 은퇴를 언제부터 계획하셨나요?

여 입사 초기에는 별 생각이 없었어요. 그렇게 회사 생활을 하다가 서른이 됐는데, 곰곰이 생각해 보니 모은 돈도 별로 없고 노후 걱정도 되고 막막하더라고요. 게다가 일은 늘 바빠서 워라밸, 이런 건 생각도 못했고요. 그때부터 목표를 잡고 직장 생활 중 틈틈이 재테크 공부를 시작했습니다.

남 첫 투자는 어땠나요? 수익을 많이 보셨나요?

여 제가 투자를 시작할 때는 경제 상황이 좋지 않아서 사람들이 투자를 꺼리던 시기였거든요. 주변에서도 많이 말리기도 했고요. 하지만 저는 이럴 때가 오히려 기회라고 봤습니다. 성장 가능성이 있는 기업을 찾아 투자를 했는데 몇몇 주식에서 큰 수익을 얻었죠. 물론 운도 따랐겠지만, 분석도 정말 많이 했습니다. 이후에는 분산 투자를 통해 자산을 조금씩 늘려갔고요. 그러다 보니 목표액도 달성되었고 그때 회사를 그만두었습니다.

남 많은 분들이 부러워할 것 같은데요. 지금도 자산을 유지하기 위해 계속 노력하고 계신가요?

여 물론입니다. 지금은 부동산 임대 소득과 예금 이자로 기본 생활비는 충당하고 있고요. 그러면서 동시에 시장을 분석하고 새로운 투자 기회를 꾸준히 찾고 있어요. 엄청난 부자는 아니지만 경제적으로 자유롭다는 것만으로도 만족하고 있습니다.

4과 심리와 정신 건강

041 배워요 1

남 이렇게 중요한 일을 왜 나하고 미리 의논하지 않았어? 정말 서운하다.

여 미안해. 나도 이렇게 결정될지 몰랐어.

042 배워요 2

여1 아이를 처음 가졌을 때가 기억 나요?

여2 그럼요. 오랫동안 기다리다가 생긴 거라서 처음 알았을 때 얼마나 기쁘고 행복했는지 몰라요.

043 배워요 3

남 현대인의 대표적인 정신 건강 질환을 살펴보고 있습니다. 첫 번째는 알코올 중독이었고요. 다음으로 불안장애 그리고 세 번째가 우울증으로 나타났네요.

044 배워요 4

여 제가 요즘 사소한 일에도 걱정이 많아지고 초조함을 자주 느껴요.

남 그런 감정은 스트레스에서 비롯되는데요. 마음을 편안하게 가져 보세요.

045 이제 해 봐요

남 오늘은 인간의 감정이 우리 삶에 미치는 영향에 대해 이야기해 보겠습니다. 감정은 인간이 진화하는 과정에서 생존과 번식에 중요한 역할을 했습니다. 예를 들어 사냥 중에 위험한 동물과 마주친 순간 느끼는 두려움은, 즉각적으로 도망치도록 만들어 생존 가능성을 높였습니다. 이렇게 감정은 본능적인 행동을 이끌어 내며 인간이 위험을 피하고 살아남도록 돕는 데 큰 역할을 했죠. 그렇다면 이런 긍정적인 기능을 하는 감정은 많을수록 더 좋은 것일까요? 사실 꼭 그렇지는 않습니다. 지나치게 축적된 감정, 즉 과잉 감정은 오히려 정신 건강에 해가 될 수 있습니다. 불안이나 분노뿐만 아니라 심지어 기쁨과 같은 긍정적인 감정도 예외가 아닙니다. 예를 들어 우리가 일이나 학업에서 목표를 달성했을 때 느끼는 기쁨과 성취감은 이를 반복하고 싶다는 동기를 만들어 냅니다. 이는 뇌에서 분비되는 신경 전달 물질인 도파민 덕분입니다. 도파민은 의욕과 몰입감을 높이고 성공을 반복하도록 행동을 강화하는 역할을 합니다. 하지만 도파민이 과도하게 작용하면 중독과 같은 부작용이 나타날 수 있습니다. 예를 들어 시험 준비나 프로젝트를 성공적으로 마쳤을 때의 성취감이 반복되다 보면 더 많은 성과를 내기 위해 스스로를 과도하게 몰아붙이는 일이 생길 수 있습니다. 이는 짧은 시간 안에 더 큰 성과를 내고자 하는 강박이나 완벽주의로 이어질 수 있습니다. 혹은 반복적으로 성과를 추구하다가 기대에 못 미쳤을 때 극심한 좌절감이나 무기력을 경험하기도 합니다. 현대 사회에서는 이런 도파민 중독 현상이 게임, 스마트폰, 소셜 미디어와 같은 영역에서도 두드러지게 나타납니다. 예를 들어 새 알림이나 좋아요를 받을 때마다 짧은 기쁨을 느끼고 이를 반복적으로 확인하는 행동이 바로 그런 사례입니다. 도파민의 보상 체계가 작은 자극에도 반복 행동을 강화하기 때문입니다. 결국 감정은 적절한 수준에서는 유익하지만 과잉되면 해가 될 수 있습니다. 그렇기에 우리는 일상에서 쌓인 감정을 해소하고 과잉 감정을 다스리는 연습이 필요합니다. 제가 제안하는 방법은 감정 일기 쓰기입니다. 하루 동안 느꼈던 여러 감정 중 가장 대표적인 감정을 관련된 사건과 함께 간단히 적어 보세요. 이때 왜 그런 일이 일어났는지 분석하거나 반성할 필요는 없습니다. 단순히 어떤 일이 있었고 그때 어떤 감정을 느꼈는지 기록하는 것만으로도 충분합니다. 마음속 감정을 밖으로 꺼내 놓는 것만으로도 쌓였던 감정을 해소하는 데 큰 도움이 됩니다.

5과 음식 문화와 역사

(051) 배워요 1

남 한국 음식은 어떤 조리법을 주로 사용해요?

여 전통적으로는 삶거나 찌는 음식이 많았는데요. 요즘엔 볶는 음식이 많은 것 같아요.

(052) 배워요 2

여1 선생님, 이제 설탕을 붓고 섞으면 되나요?

여2 설탕을 부은 채로 섞지 말고 뚜껑을 닫아야 돼요.

(053) 배워요 3

남 한식은 다양한 식재료의 유입 및 일품요리의 등장으로 인해 밥 중심의 상차림이 요리 중심의 상차림으로 변화하게 됩니다.

(054) 배워요 4

여 고추는 조선 시대에 한반도에 전래되었다고 알려져 있는데요. 고추가 전래되자 한국 음식은 큰 변화를 맞게 됩니다.

(055) 이제 해 봐요

남 한국인의 잔칫상에 빠지지 않고 오르는 잡채. 전 세계인의 입맛을 사로잡고 있는 대표 한식인 잡채에 우리가 모르는 숨겨진 역사가 있다? 조선 중기에 집필된, 한글로 쓰인 최초의 조리서이자 동아시아 최초로 여성이 쓴 조리서인 『음식디미방』. 여기에 소개된 잡채 조리법에는 당면이 들어가지 않는다는데? 그래서 우리는 전문가의 도움을 받아 조선 시대 잡채를 직접 재현해 보았다. 미나리, 고사리, 숙주 같은 제철 나물을 볶아 내고, 꿩고기는 삶아 실처럼 얇게 찢어 놓는다. 꿩고기를 삶은 물에 된장을 풀어서 간을 한 뒤 참기름과 밀가루를 섞어 양념장을 만든다. 이 양념장을 준비해 둔 나물과 고기에 뿌려 섞는다. 이것이 바로 조선 시대 잡채의 모습이다. 그렇다면 오늘날 우리가 즐기는 잡채는 언제, 어디에서 온 것일까? 현대식 잡채는 당면을 주재료로 하여 간장으로 간을 한다. 그중 당면은 19세기 말 중국인들이 조선으로 대거 이주하며 가져온 '펀탸오'에서 유래했고, 전통적인 조선간장과 달리 단맛이 나는 간장은 서울에 거주하는 일본인을 위해 만들어진 일본식 간장 공장에서 생산된 제품이었다. 결국 오늘날의 잡채는 우리의 고유의 것이 아닌 조선, 중국, 일본의 음식 문화가 어우러져 탄생한 20세기의 합작품이라 할 수 있다.

MEMO

MEMO

MEMO

**고려대
한국어** **5A**

초판 발행 1쇄	2025년 2월 20일
지은이	고려대학교 한국어센터
펴낸곳	고려대학교출판문화원
	www.kupress.com
	kupress@korea.ac.kr
	02841 서울특별시 성북구 안암로 145
	Tel 02-3290-4230, 4232
	Fax 02-923-6311
유통	한글파크
	www.sisabooks.com/hangeul
	book_korean@sisadream.com
	03017 서울시 종로구 자하문로 300 시사빌딩
	Tel 1588-1582
	Fax 0502-989-9592
일러스트	정회린, 황주리
편집디자인	한글파크
찍은곳	네오프린텍(주)
ISBN	979-11-90205-00-9 (세트)
	979-11-6956-098-6 04710

값 17,000원

※ 잘못 만들어진 책은 바꿔 드립니다.